무심코 스치는 돌담에도, 돌담을 휘돌아 가는
바람 속에도 역사는 살아 숨 쉬고 있습니다.
〈숨 쉬는 역사〉는 알게 모르게 우리 곁에 숨 쉬고 있는
옛사람들의 이야기를 소곤소곤 들려줍니다.

이미지 출처
p. 68. MBC 청룡 야구단 창단식(1982. 1. 26.), 서울기록원(archives.seoul.go.kr)
p. 104. 구로 공단 봉제 공장, 구로구청(www.guro.go.kr)
p. 104. 구로 디지털 산업 단지, 개인 촬영
p. 152. 서울 시청 앞 1987년 '6월 민주 항쟁' 전경(1987. 7. 9.), 서울기록원

문헌 출처
뒤표지 – 〈6월 항쟁〉, ⓒ한국민족문화대백과사전(encykorea.aks.ac.kr)

초판 1쇄 찍은날 2025년 9월 22일
초판 1쇄 펴낸날 2025년 9월 29일

글 정명섭 | 그림 불키드
펴낸이 서경석
책임편집 김진영 | 디자인 권서영
마케팅 서기원 | 제작·관리 서지혜, 이문영
펴낸곳 청어람 엠앤비 | 출판등록 2009년 4월 8일(제 313-2009-68호)
주소 서울특별시 구로구 디지털로 272 한신IT타워 404호 (08389)
전화 02)6956-0531 | 팩스 02)6956-0532
전자우편 juniorbook0@gmail.com
블로그 blog.naver.com/juniorbook
인스타그램 @chungeoram_junior

ISBN 979-11-94180-12-8 73810

ⓒ 정명섭, 불키드, 청어람주니어 2025

※ 청어람주니어는 청어람 엠앤비(도서출판 청어람)의 아동·청소년 브랜드입니다.
※ 이 책의 내용 일부 또는 전부를 재사용하려면 반드시 저작권자와 청어람주니어 양측의 동의를 얻어야 합니다.

정명섭 글 | 불키드 그림

| 머리글 |
프로 야구 인기만큼 뜨거웠던 1980년대를 아시나요?

그 시대를 살아왔던 사람으로서 1980년대를 이야기한다면 끓는 가마솥 같은 시대라고 말하고 싶습니다. 경제가 발전하면서 우리나라는 점점 가난에서 벗어났지만 독재 정권에 맞서 민주화 운동에 앞장섰던 많은 사람이 다치거나 세상을 떠났어요. 1988년 서울 올림픽 대회가 성공적으로 치러졌지만 올림픽을 준비하며 빈민촌이 철거되었고 그곳에 살던 사람들은 떠나야 했지요.

그 시대를 알 수 있는 여러 가지 상징 중 하나가 바로 프로 야구입니다. 1982년 출범한 한국 프로 야구는 곧 큰 인기를 끌었어요. 경제가 발전하는 상황에서 별다른 놀거리가 없던 어른과 아이 모두를 사로잡은 것이지요. 특히 아이들은 프로 야구 팀에서 모집하는 어린이 회원이 되고 싶어 했어요. 어린이 회원이 되면 점퍼와 모자를 선물로 받았거든요. 저도 지금은 두산 베어스가 된 OB 베어스의 어린이 회원이었습니다.

야구의 열기가 뜨거웠지만 한편에서는 가혹한 노동 환경이 사람들을 힘들게 했어요. 지금은 디지털 산업 단지가 된 서울 구로 공단에는 크고 작은 공장들이 있었고, 지방에서 올라온 많은 노동자가 이곳에서 일했지요. 학창 시절에 지하철을 잘못 타서 구로 공단에 내린 적이 있었는데 마치 다른 세상에 온 것 같은 충격을 받았어요. 발전이라는 것이 누군가의

고통과 희생으로 이뤄지는 것일지 모른다는 생각이 어렴풋하게 들었기 때문이었어요. 구로 공단에서 임금 인상을 요구하는 거센 시위가 벌어졌을 때 바람에 실려 온 최루탄 냄새를 맡은 것도 또 하나의 충격이었지요.

    시간이 흐르고 모든 게 좋아졌습니다. 하지만 우리가 겪었던 일들을 잊어버린다면 우리는 다시 그 시절로 돌아갈지도 모릅니다. 저는 그 시절을 잊지 않기를 바라는 마음에서 이 책을 쓰게 되었어요.

정명섭

읽기 전에

야구에 대해 알아 봐요

　야구는 한 팀당 9명의 선수로 이루어져요. 두 팀이 9회에 걸쳐 공격과 수비를 번갈아 하면서 거기에서 얻은 점수로 승패를 겨루지요. 공격 팀이 공격을 하면서 세 번의 아웃을 기록하면 공격 팀은 수비 팀으로, 수비 팀은 공격 팀으로 바뀌어요.

　야구장 앞쪽은 내야라고 불러요. 내야에는 1루, 2루, 3루, 홈 플레이트가 마름모꼴로 있어요. 외야는 내야 뒤쪽의 부채꼴 모양으로 된 곳이에요. 공격 팀은 차례에 따라 상대 투수의 공을 치고, 1·2·3루를 거쳐 홈으로 돌아오면 1점을 얻게 돼요.

알아 두면 좋은 야구 용어

안타 : 타자가 안전하게 베이스에 나아갈 수 있도록 공을 치는 일이에요.

홈런 : 타자가 친 공이 외야의 담장을 넘기는 것으로, 점수를 얻게 돼요.

도루 : 수비 팀이 허술할 때를 이용해 주자가 다음 베이스로 진출하는 방법이에요. 수비에게 잡히지 않고 정확하게 베이스에 닿기 위해 주로 슬라이딩을 하지요.

번트 : 야구 배트를 휘두르지 않고 투수가 던진 공을 가볍게 배트로 건드려 내야에 떨어뜨리는 기술이에요. 수비 팀의 허를 찌를 때 써요.

차 례

머리글
프로 야구 인기만큼 뜨거웠던 1980년대를 아시나요?   **4**

읽기 전에   **6**

정든 대전을 떠나다   10

서울에 도착하다   21

어색한 전학생   34

옥란이 누나   48
1980년대에 프로 야구는 왜 인기였을까?   **68**

첫 번째 경기	**69**
지하실 청소	**85**
검은색 야구 배트	**94**
구로 공단 노동자들은 왜 시위를 했을까?	104
깊어지는 우정	**105**
지옥 훈련	**116**
마지막 승부	**129**
6월 민주 항쟁은 왜 일어났을까?	152

정든 대전을 떠나다

"싫어! 이사 가기 싫다고!"

상욱이는 마지막까지 집 안에서 버티다가 아버지에게 귀를 붙잡혀서 끌려 나왔다. 대문 앞에는 포장이 씌워진 파란색 트럭과 상욱이 아버지의 자동차가 서 있었다. 대문 앞에 주저앉은 상욱이가 엉엉 울자 아버지가 난감한 표정을 지었다.

"어서 일어나. 이러다가 선화동 사람들 다 일어나겠다, 진짜."

아버지의 말에 더 서운함을 느낀 상욱이는 아예 대문 앞에 드러누워서 크게 울고 말았다. 지난주 주말에 저녁을 먹는데 갑자기 아버지가 다음 주에 서울로 이사 간다는 폭탄선언을 했다. 여동생 민정이는 기뻐했지만 상욱이는 깜짝 놀랐다. 상욱이 어머니는 미리 알고 있었는지 별다른 반대를 하지 않았다. 상욱이는 안 된다고 말했지만 부모님은 신경도 쓰지 않았다.

아버지는 구로 공단에 좋은 가격에 나온 공장을 샀다면서 근처인 개봉동에 살 집도 구했다고 좋아했다. 하지만 상욱이에게는 청천벽력 같은 얘기였다. 이제 겨우 친해진 동네 아이들이랑 짬뽕도 하고 발야구도 하고 놀아야 하는데 말이다.

짬뽕은 짬뽕공이라고 부르는 부드러운 고무공을 주먹으로 치고 맨손으로 받는 경기였다. 야구와 비슷하지만 배트와 글러브 같은 게 필요 없어서 상욱이가 친구들이랑 종종 하던 놀이였다.

이런 이유와 함께 갑자기 낯선 서울로 떠나야 한다는 게 너무나 싫어서 상욱이는 징징거리며 끝까지 버텼다. 하지만 차에 타고 있던 어머니가 내리자 상황이 바뀌었다. 팔짱을 낀 어머니가 대문 앞에 드러누운 채 울던 상욱이에게 낮지만 단호한 목소리로 말했다.

"정상욱, 얼른 차에 타."

여기서 더 버티다가는 작년 겨울처럼 빗자루로 엉덩이와 허벅지에 불이 나게 두들겨 맞고 혼자 남겨질 수 있다는 생각에 상욱이는 못 이기는 척하고 일어났다. 어머니는 훌쩍거리는 상욱이의 등을 털어 주면서 다독거렸다.

"서울에 가서 친구들 새로 사귀면 되잖아. 어서 타자."

아버지가 작년에 산 자동차 뒷좌석에 상욱이가 타자 먼저 앉아 있던 민정이가 말했다.

"빨리 서울 가자."

상욱이는 그런 민정이가 얄미워서 한 대 쥐어박고 싶었지만 그랬다가는 아버지와 어머니한테 불호령이 떨어질 게 분명해서 꾹 참고 노려보기만 했다. 민정이는 혀를 내밀면서 메롱이라고 작게 얘기하고는 고개를 획 돌리며 딴청을 피웠다.

이삿짐을 실은 파란색 트럭이 매연을 뿜어내며 출발하자 아버지도 차에 시동을 걸었다. 길가에 나와 있던 동네 아줌마들이 잘 가

라며 손을 흔들었다. 대전을 빠져나간 자동차는 경부 고속 도로에 진입했다. 도로 양쪽에는 내년에 열릴 서울 올림픽 대회의 성공적인 개최를 기원하는 광고판들이 줄지어 서 있었다.

핸들을 잡은 아버지는 줄곧 들어 왔던 옛날얘기를 다시 들려주었다. 황해도에서 태어난 아버지는 육이오 전쟁이 터지자 할머니 등에 업혀서 남쪽으로 피란을 왔다. 전쟁이 끝난 뒤에는 북한 주민들이 많이 머물렀던 남산의 해방촌에 자리를 잡았다. 그리고 거기에서 가짜 담배를 만들어서 팔다가 '요꼬'라고 불렀던 스웨터 공장에서 일했다. 그러다가 할머니가 세상을 떠나고 혼자가 된 아버지는 계속 그곳에서 일을 하다가 아는 형과 함께 대전으로 내려와서 자리를 잡았다고 한다. 열심히 노력해서 조그마한 봉제 공장을 세우고, 팔십 년대 초반부터 사업이 잘되면서 선화동에 큰 집도 샀다. 아버지는 기댈 곳이 없던 자기가 자수성가한 것을 큰 자랑으로 여겨서 늘 본인의 옛날얘기를 했다.

그렇게 집이 잘살게 되면서 상욱이도 차츰 친구들이 생기고 학교생활이 재밌어지려는 때였다. 그런데 갑자기 날벼락처럼 서울로 가야만 했던 것이다. 상욱이의 마음을 눈치챘는지 조수석에 앉은 어머니와 얘기를 주고받던 아버지가 말했다.

"프로 야구 좀 들어 볼까?"

야구를 좋아하는 상욱이는 자기도 모르게 소리쳤다.

"아버지! 롯데랑 해태요."

"서울에 갈 때까지 얌전히 듣는다고 약속하면 틀어 줄게."

"네."

상욱이는 작년에 아버지와 충청도를 연고로 창단된 빙그레 이글스의 개막 경기를 대전 야구장에서 같이 보면서부터 야구가 좋아졌다.

학교 운동장보다 몇 배나 큰 공간은 보기만 해도 가슴이 시원해졌고, 타자가 배트에 공을 맞췄을 때 나는 경쾌한 타격음, 그리고 투수가 던진 공이 타자의 배트를 피해 포수 글러브에 들어갈 때 나는 퍽 하는 소리에 매료된 것이다. 무엇보다 타자가 친 공이 외야수 뒤편의 담장을 넘어서 홈런이 될 때 선수와 관중들이 모두 열광하는 모습을 보고 야구에 반하게 되었다.

생각에 잠겨 있던 상욱이는 야구장의 환호성 소리가 라디오를 통해 들리자 엉덩이를 들썩거렸다. 그걸 본 어머니가 가볍게 웃었다.

"어이구, 아빠나 아들이나 야구에 푹 빠졌네, 진짜."

"야구가 얼마나 재미있는데 그래. 안 그래, 아들?"

핸들을 잡은 아버지의 말에 상욱이가 큰 소리로 외쳤다.

"그럼요!"

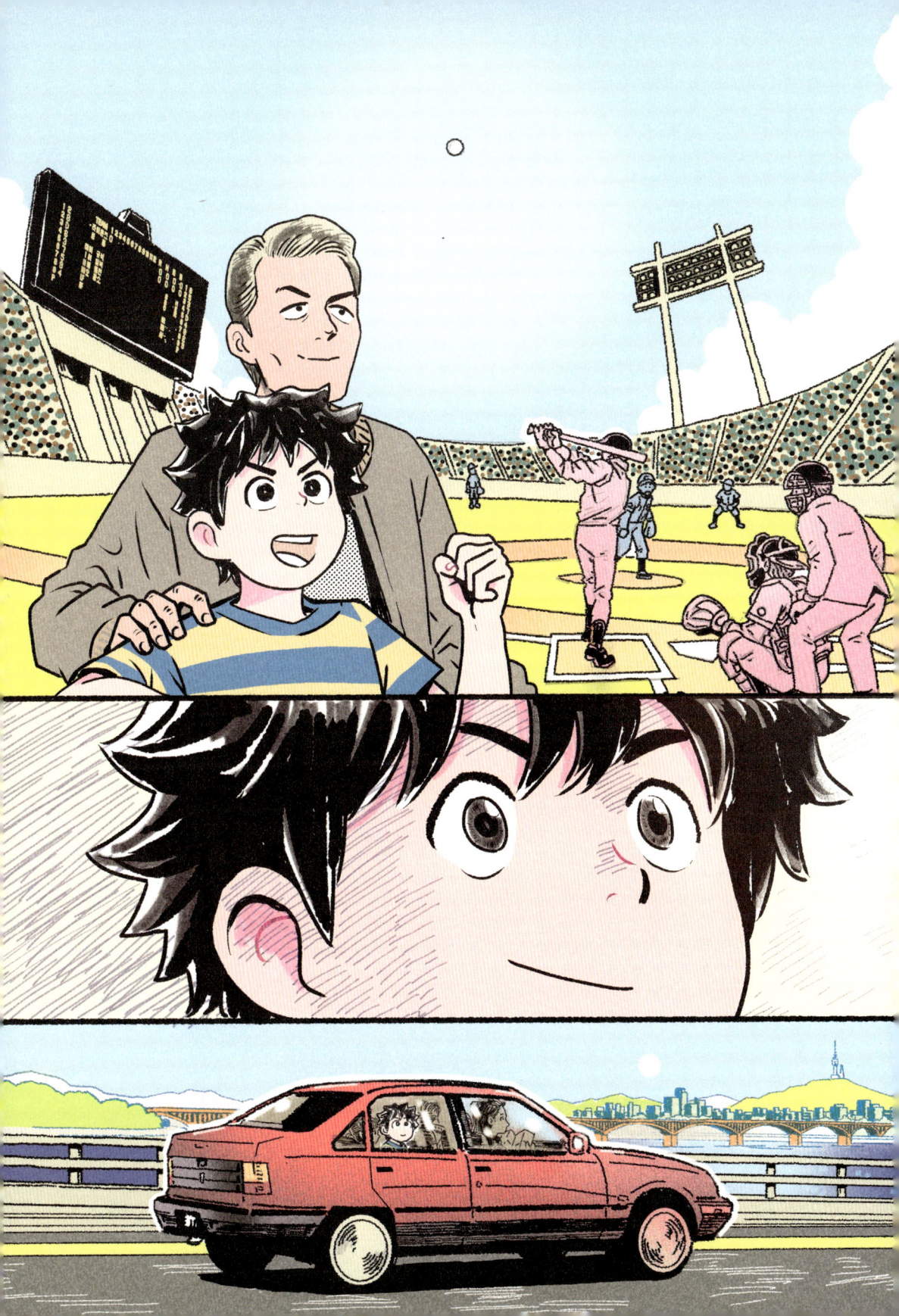

운전석과 조수석 사이에 얼굴을 들이민 상욱이는 프로 야구 해설에 귀를 기울였다. 그러다가 깜짝 놀라서 고개를 들었다.

"아버지! 롯데 투수가 최동원이에요."

"어, 아까 해태 투수가 선동열이었잖아."

"네, 둘이 맞대결하네요."

신이 난 상욱이의 말에 아버지도 신이 난 표정을 지었다.

"국보급 투수들이 맞붙었네. 살다 보니 이런 일도 다 있구나."

얘기를 하는 순간 선동열이 2회 말에 최계영에게 내야 안타를 허용하면서 두 번째 실점을 했다. 롯데가 2점째를 올렸다는 얘기를 들은 상욱이가 고개를 갸웃거렸다.

"선동열이 벌써 2점이나 내줬네."

상욱이가 중얼거리자 아버지가 껄껄 웃었다.

"걱정 마라. 해태 불방망이 타선이 고작 2점을 못 내겠어."

"롯데에 최동원이 올라왔잖아요. 해태 타자라고 해도 최동원 공은 손도 못 댈 거라고요."

"해태에 오리 궁뎅이 김성한이랑 콧수염 김봉연이 있는 거 몰라서 하는 말이냐?"

아버지의 반발에 상욱이도 지지 않고 응수했다.

"그 선수들도 최동원한테는 안 될 거예요."

아버지와 상욱이의 입씨름이 길어지자 뒷좌석에 앉은 민정이가 그깟 공놀이가 뭐가 재미있냐고 한마디 했다가 상욱이에게 공격을 받았다. 상욱이는 민정이 손에 쥔 밍키 인형을 공격 목표로 삼았다. 민정이는 어릴 때부터 밍키를 너무 좋아해서 아버지가 몇 년 전 크리스마스 때 사 준 밍키 인형을 아직도 애지중지했다.

"초등학교 들어갔으면 이제 밍키 인형이랑은 작별해야 하는 거 아니야?"

상욱이의 공격에 민정이는 울먹거리면서 그러지 말라고 했다. 하지만 상욱이는 한술 더 떠서 〈요술 공주 밍키〉의 주제가를 이상하게 바꿔서 부르면서 놀려 댔다. 어머니가 하지 말라고 가볍게 핀잔을 주었지만 아버지는 백미러로 힐끔 보고 웃어넘겼다. 크게 우는 민정이를 보고 상욱이는 혀를 내밀고 메롱이라고 놀렸다.

그 와중에 해태가 첫 번째 득점을 했다. 흥분한 관중들의 함성이 너무 커서 어머니가 라디오 볼륨을 줄여야만 했다. 아버지는 그걸 들으면서 상욱이에게 말했다.

"봐라. 야구는 끝날 때까지 모르는 거야."

"진짜, 2 대 1이네요."

상욱이가 흥미진진하게 듣는 와중에 핸들을 잡은 아버지가 짜증을 냈다.

"아니, 또 막히네. 또 막혀. 이게 고속 도로야, 아니면 동네 골목길이야? 어휴, 정말!"

아버지의 짜증에 그 누구보다 익숙한 어머니가 편안하게 말했다.

"오늘이 토요일이잖아요. 서울로 올라가는 차들이 있으니까 좀 막히겠죠."

하지만 아버지는 짜증이 풀리지 않는지 계속 투덜댔다.

"내년에 올림픽도 하는데 말이야. 대학생들은 데모*나 하고, 차는 막히고."

상욱이는 그저 열심히 라디오만 들었다. 그런 상욱이를 본 아버지가 갑자기 말했다.

"상욱아, 너는 대학교 가면 데모 같은 거 하지 마라. 하다 걸리면 진짜 혼날 줄 알아."

"네, 저는 야구만 보러 다닐 거예요."

야구 중계를 듣던 상욱이가 건성으로 대답하자 어머니가 한마디 했다.

"쟤는 일단 대학을 붙을지 안 붙을지부터 걱정해야죠."

"그래도 대학 정도는 가겠지. 안 그래?"

"저렇게 야구만 하고 노는 애가요? 서울에는 공부 잘하는 애들

* 데모(Demo): 많은 사람이 공공연하게 의사를 표시하여 집회나 행진을 하며 위력을 나타내는 일

이 한가득이라던데요."

"쟤는 당신을 닮았으니까 똑똑할 거야."

"어머, 내가 똑똑했으면 당신이랑 결혼했겠어요?"

어머니의 반박에 아버지가 잠깐 생각하다가 대꾸했다.

"그럼 헛똑똑이."

부모님이 유쾌하게 웃는 와중에도 상욱이는 선동열과 최동원이 펼치는 세기의 대결에 귀를 기울였다. 이어지는 경기는 팽팽한 투수전이 이어졌다. 선동열이 삼진을 잡으면 최동원이 이에 질세라 삼진을 잡았다. 보통 점수가 나지 않으면 흥미를 잃곤 했지만 두 투수의 선발 맞대결이라 그런지 상욱이는 엉덩이를 들썩거리며 중계를 들었다.

민정이가 화장실을 가고 싶다고 해서 중간에 휴게소를 들르고, 서울에 다 와서도 차가 막히는 바람에 개봉동에 도착하니 거의 해가 떨어질 즈음이었다. 대전에서 태어나고 쭉 자랐던 어머니는 주변을 돌아보면서 말했다.

"와! 여기가 개봉동이에요?"

"아직 광명시야. 저기 다리 보이지? 저기를 넘으면 서울이야."

여전히 야구 중계를 듣던 상욱이에게 갑자기 민정이가 말했다.

"오빠, 저기."

"뭐데?"

"저기 간판에 '서울특별시에 오신 걸 환영합니다'라고 적혀 있잖아. 진짜 서울이네."

민정이가 들뜬 모습으로 밍키 인형을 만지작거리는 걸 보곤 상욱이는 피식 웃었다.

"서울이 뭐? 눈뜨면 코 베어 가는 동네잖아. 인심도 야박하고."

"그래도 사람도 많고, 차도 많고, 그리고 63빌딩도 있잖아."

신이 난 민정이를 보며 어머니는 흐뭇한 표정을 지었다. 서울시와 경기도를 구분하는 다리를 건넌 아버지의 차는 오른쪽 주유소가 있는 길로 돌았다. 약간의 오르막길이 쭉 이어졌는데 아버지는 길 끝까지 간 후에 다시 왼쪽으로 돌았다. 중간에 개봉아파트라는 커다란 아파트 단지가 보였다. 5층 아파트 단지가 쭉 늘어선 걸 본 어머니가 감탄했다.

"서울은 진짜 아파트가 많네."

"우리 저기 사는 거야?"

민정이가 묻자 어머니가 고개를 저었다.

"아니, 조금 더 가야 해."

서울에 도착하다

골목길 끝에 있는 오르막길을 올라가서야 아버지의 자동차가 멈췄다. 뒤따라왔던 파란색 트럭도 힘겹게 언덕을 올라왔다. 민정이는 다 왔다며 폴짝 뛰어내렸지만 롯데와 해태의 경기를 더 이상 듣지 못하게 된 상욱이는 마지못해 내렸다.

녹색으로 칠해진 대문 너머에는 2층 양옥집이 있었다. 대문 옆에는 아버지가 김 사장이라고 부르는 사람이 서 있었다. 말끔한 차림새의 김 사장은 아버지에게 공장을 소개시켜 주고 집도 알아봐 준 사람이다. 어머니는 처음 봤을 때 기생오라비처럼 생겼다며 김 사장을 경계했지만 상욱이는 대전까지 내려와서 용돈을 주고 간 김 사장이 나쁘게 보이지는 않았다.

민정이는 계단 위에 있는 넓은 마당을 보고 좋아했다. 상욱이도 공을 던질 수 있는 공간이 생긴 것을 알고 기뻐했다. 어머니는 집이 너무 넓다면서 청소하는 걸 걱정했다. 그런 어머니에게 아버지가 진공청소기를 사 주겠다며 걱정 말라고 대답했다. 그사이에 김 사장이 트럭 쪽에 가서 어서어서 짐을 내리라고 말했다. 집을 올려다보던 상욱이가 중얼거렸다.

"이제 우리 가족은 서울 시민인 거야?"

트럭에서 내린 일꾼들이 냉장고부터 시작해서 이삿짐들을 집 안으로 나르기 시작했다. 이미 전에 큰 짐을 한 번 올려 보내서 트럭에는 냉장고 같은 가전제품들과 그릇들이 주로 있었다.

서두르라는 아버지의 재촉에 상욱이는 그릇들이 들어 있는 플라스틱 대야를 들고 집으로 향했다. 현관 오른쪽에 있는 커다란 부엌에 플라스틱 대야를 가져다 놓은 상욱이는 거실을 살펴봤다. 한쪽에는 이 층으로 올라가는 나무 계단이 있고, 왼쪽 벽에는 붙박이 책장이 있었다. 반대편 벽은 움푹 들어가 있었는데 텔레비전을 놓는 곳 같았다. 대전 선화동의 집보다 크고 높았지만 어쩐지 정이 금방 들 것 같지는 않았다. 한동안 거실을 물끄러미 살펴보던 상욱이는 빨리빨리 움직이라는 어머니의 불호령에 다시 밖으로 나갔다.

이삿짐 정리가 대략 끝나자 아버지가 김 사장에게 물었다.

"이제 거의 끝났으니까 짜장면 한 그릇 어때?"

"좋지. 이 동네는 옥문이야, 옥문."

"그럼 알아서 시켜. 짜장면이랑 탕수육."

김 사장이 알겠다고 하고는 밖으로 나갔다. 그사이에 어머니는 거실 바닥에 신문지를 쭉 깔았다. 어머니가 깔던 신문지 중 한 장을 아버지가 도로 뺐다.

"아무리 그래도 대통령 각하 얼굴을 엉덩이로 깔고 앉으면 안 되지. 암, 그렇고말고."

상욱이는 9시 뉴스에서 봤던 대통령의 얼굴이 대문짝만하게 나온 신문지가 옆으로 치워지는 걸 보면서 물었다.

"왜 대통령 얼굴을 깔고 앉으면 안 되는 거예요?"

아버지는 상욱이의 이마에 가볍게 꿀밤을 먹이면서 대꾸했다.

"너 그러다 남산 끌려가서 혼쭐난다."

왜 꿀밤을 맞는지 이해를 하지 못한 상욱이가 입을 삐죽 내밀자 이삿짐을 나르던 아저씨들이 웃었다.

잠시 후, 대문 밖에서 "짜장면 시키신 분!"이라는 외침과 함께 양손에 철가방을 든 중국집 배달부가 들어와서는 번개 같은 손놀림으로 짜장면과 탕수육을 철가방에서 꺼냈다. 아버지가 돈을 건네자 주머니에서 잔돈을 꺼낸 배달부가 간이 영수증을 한 장 써서 건넸다. 이삿짐을 나르던 아저씨들과 김 사장, 그리고 상욱이네 가족이 거실 바닥에 깔아 놓은 신문지에 앉아서 짜장면과 탕수육 그릇의 비닐을 벗겼다. 아버지가 짜장면을 보고는 살짝 어이없다는 표정을 지었다.

"아니, 서울은 짜장면에 계란프라이를 안 올려 주네?"

그러자 옆에서 나무젓가락을 뜯던 김 사장이 말했다.

"이 사람아, 서울은 안 준지 오래됐어."

"아무리 그래도 그렇지 서울 인심 한번 야박하네, 진짜."

그러는 와중에 민정이는 잽싸게 탕수육을 집어서 소스에 푹 찍은 다음에 입에 넣었다. 마음이 급해진 상욱이는 손으로 탕수육을 집어 먹었다. 그걸 본 어머니가 살짝 눈을 흘겼다.

"남들이 보면 사흘 굶긴 줄 알겠다. 천천히 먹어라, 좀. 민정이도 꼭꼭 씹어 먹어."

상욱이는 어머니의 핀잔에도 불구하고 탕수육을 연거푸 먹어 치웠다. 그걸 본 민정이도 탕수육을 계속 먹다가 갑자기 얼굴을 찡그

렸다.

"아야!"

"왜 그러니?"

어머니가 깜짝 놀라서 묻자 울상이 된 민정이가 대답했다.

"앞니 흔들려, 엄마."

민정이는 대전을 떠나기 전부터 앞니가 흔들린다고 했었다. 어머니는 그런 민정이의 이마를 쥐어박으며 말했다.

"그러게 엄마가 천천히 먹으라고 했지. 아, 해 봐."

민정이가 입을 벌리자 어머니가 손가락으로 위쪽 앞니를 살짝 건드렸다. 그러자 민정이가 뒤로 넘어지면서 자지러졌다.

"아프다니까."

눈물까지 찔끔 흘리며 발버둥 치는 민정이를 본 이삿짐 아저씨들이 귀엽다는 듯 웃었다. 젓가락을 내려놓은 어머니가 옆에 쌓인 이삿짐 박스들을 뒤져서 반짇고리를 꺼냈다. 그리고 거기에서 꺼낸 실을 길게 풀어서 이로 뜯어낸 다음에 끝부분을 손가락으로 말아서 작은 고리를 만들었다. 손짓으로 민정이를 부른 어머니가 입을 벌리라고 하자 겁에 질린 민정이가 말했다.

"치과 가서 빼면 안 돼?"

"치과는 무슨, 금방 뺄 거니까 얼른 아 해."

민정이는 눈물을 찔끔거렸지만 더 이상 반항했다가는 불이 나게 등짝을 맞을 것 같았는지 엉덩이를 끌며 다가갔다. 고개를 숙이고 실 고리를 민정이의 윗니에 건 어머니가 한 손으로 실 끝을 잡고는 상욱이에게 눈짓을 했다. 상욱이가 젓가락을 놓고 딴청을 피우는 척하다가 갑자기 소리를 지르며 민정이의 짱구 이마를 때렸다.

"아붓!"

어머니만 보던 민정이는 예상 밖의 공격에 컥 하는 소리와 함께 목이 뒤로 젖혀졌다. 어머니가 그 타이밍을 맞춰서 실을 잡아당기자 민정이는 뒤로 벌렁 넘어졌다. 어머니가 손에 쥔 실의 끝에는 피 묻은 민정이의 작은 앞니가 대롱대롱 매달려 있었다. 넘어진 민정이가 울음을 터트리자 미안해진 상욱이가 일으켜 세워 주면서 등을 토닥거려 줬다.

"요술 공주 민정이는 울면 안 돼."

"그래도 아프잖아."

"이빨 요정이 민정이 이를 잘 가져갈 거야. 계속 아픈 것보다 낫잖아."

상욱이가 코미디언

이주일처럼 우스꽝스러운 표정을 지으며 입을 벌리자 민정이가 그걸 보고 깔깔 웃었다. 그사이 피 묻은 이가 달려 있는 실의 끝 부분을 가위로 자른 어머니가 남은 실을 실패에 도로 감았다. 그리고 상욱이에게 이를 건네주며 말했다.

"현관 밖으로 나가서 이 층 지붕에 던져라. 그래야 새 이가 잘 나오지."

"네."

탕수육을 더 먹지 못한 게 아쉬웠지만 여동생 민정이를 위해서 상욱이는 젓가락을 놓고 일어났다. 그리고 한 손에는 피 묻은 이를 쥐고 다른 한 손으로는 민정이의 손을 잡고 현관문 밖으로 나왔다. 상욱이는 이 층 지붕을 올려다봤다. 대전 선화동의 집보다 처마가 훨씬 높아서 세게 던져야 할 것 같았다. 손을 잡은 민정이가 코를 훌쩍거리며 말했다.

"오빠! 자꾸 피가 나오는 거 같아."

"뱉지 말고 삼켜. 그래야 새 이가 빨리 나와."

"지저분한데."

"그래도 참아."

"알았어. 잘 던져, 오빠."

"그럴게."

손으로 이를 살살 굴린 상욱이는 위로 훌쩍 던졌다. 하늘로 날아간 이는 이 층 지붕에 잘 떨어졌다. 그걸 본 민정이가 폴짝거리며 박수를 쳤다. 기분이 좋아진 상욱이가 민정이의 머리를 쓰다듬으며 집 안으로 들어갔다. 둘이 거실로 들어서자 아버지가 공장에서 쓰던 커다란 라디오를 틀었다.

롯데와 해태의 야구 경기는 9회 초 해태의 공격이 진행 중이었다. 자리에 앉은 상욱이가 아버지에게 물었다.

"몇 대 몇이에요?"

"아직 2 대 1, 롯데가 앞선다."

"역시 최동원이네요."

아버지가 다 먹은 짜장면 그릇을 내려다보며 말했다.

"모르지, 야구는 끝날 때까지 끝난 게 아니야."

그러고는 어머니에게 물었다.

"찬밥 없어?"

"어이구, 우물가에서 숭늉 찾을 양반일세. 방금 이사 와 놓고 무슨 찬밥 타령이에요. 밥솥도 지금 어디 있는지 모르겠구먼."

어머니의 타박을 들은 이삿짐 아저씨들이 껄껄거리며 웃었다. 그리고 그중 한명이 입을 열었다.

"아니, 호랑이도 때려잡을 것 같은 양반이 아내한테는 꼼짝도 못

하시네."

"거, 우리 집안을 일으켜 세운 개국 공신*이니까 봐주는 거지. 내가 대전에 몸뚱어리만 가지고 내려갔다가 이렇게 큰 집 장만하고 서울로 돌아온 건 다 내 아내 덕분이야."

아버지의 갑작스러운 자랑에 어머니는 싫지 않은 눈길을 주며 가볍게 주먹으로 아버지의 어깨를 쳤다.

"남사스럽게 무슨 말을 그리 해요."

"거기다 날 닮은 아들이랑 이쁜 딸도 낳았는데 모시고 살아야지, 암."

호탕한 아버지의 웃음소리가 이어지는 와중에 9회 초 마지막 공격에서 해태 선수가 최동원에게 적시타*를 때렸다. 당연히 롯데가 이길 것이라고 생각하던 상욱이는 라디오를 가득 메운 함성 소리를 들으며 아버지가 했던 말을 중얼거렸다.

"야구는 진짜 끝날 때까지 끝난 게 아니네."

식사를 마친 이삿짐 아저씨들이 트림을 하며 일어났다. 다시 찬밥을 찾던 아버지는 어머니에게 기어코 등짝을 맞고 말았다. 아버지는 남은 단무지들을 그릇에 싹 담고, 그릇들을 차곡차곡 쌓은 다음에 상욱이와 민정이에게 말했다.

❋ 개국 공신(開國功臣) : 나라를 새로 세울 때 큰 공로가 있는 신하
❋ 적시타(適時打) : 주자가 베이스에 나가 있는 상태에서 공을 쳐서 점수를 올리는 안타

"이거 대문 밖에 갖다 놔라. 신문지로 잘 덮어 놓고."

"네."

상욱이는 민정이와 함께 차곡차곡 쌓인 그릇들을 들고 마당을 지나 대문 밖으로 나갔다. 대문 구석에 그릇들을 잘 쌓아 놓고 옆구리에 낀 신문지로 조심스럽게 위를 덮었다. 민정이의 손을 잡고 집으로 들어온 상욱이는 김 사장과 얘기를 나누는 아버지 옆에 앉아서 라디오에서 나오는 야구 중계에 귀를 기울였다. 롯데의 9회 말 공격이 득점 없이 끝나면서 연장전이 진행된다는 아나운서의 목소리가 들렸다. 상욱이는 엄마가 짐을 정리하는 것을 도우면서 틈틈이 왔다갔다 했다. 연장전이 시작되고 최동원이 연속 안타를 맞으면서 순식간에 위기가 찾아왔다. 이러다 안타 한 방 맞고 게임이 끝나겠다고 생각한 상욱이가 머뭇거리면서 서 있었는데 부엌에서 어머니가 소리쳤다.

"얼른 그릇들 좀 가져와. 당신도 빨리빨리 좀 움직여요. 이러다 내일까지 짐 정리 못 하겠어요."

어머니의 눈치를 살핀 아버지가 일어나자 김 사장도 공장에서 보자며 따라서 일어났다. 상욱이는 얼른 부엌으로 그릇들을 가져갔다. 결국 최동원이 위기를 막은 이후에는 별다른 긴장감 없이 경기가 진행되었다. 마지막 롯데 공격에서 타자를 모두 잡은 선동열이 크게 소리치자 박수가 터져 나왔고, 아나운서는 두 투수의 기나긴 투구가 마무리되었다면서 최동원이 209개의 공을 던졌고, 선동열이 232개의 공을 던졌다고 정리했다. 짐 정리를 끝낸 아버지가 고개를 절레절레 저었다.

"둘 다 대단하네, 진짜."

"그러게요. 팔이 멀쩡한지 모르겠어요."

아버지와 얘기를 주고받은 상욱이는 라디오를 껐다. 그동안 짐 정리를 마친 어머니가 이 층에 누워 있는 민정이를 살펴보고는 내려왔다.

"여보, 고생했어요. 얼른 씻고 쉬세요. 상욱이도 얼른 자라."

갑자기 뭔가 생각난 듯이 아버지가 어머니에게 물었다.

"애들은 어느 학교로 전학 가?"

"아이고, 자식들이 어느 학교로 가는지도 몰라요? 저기 산 아래 개명국민학교로 가잖아요."

"듣긴 했는데 개봉국민학교인 줄 알았지."

머쓱한 표정을 짓는 아버지가 괜히 상욱이에게 말을 걸었다.

"너 이제 6학년이니까 열심히 공부해야 해. 알았지?"

그 말을 듣고 어이가 없어진 상욱이가 한마디 했다.

"아버지, 저 5학년이에요."

"어, 그러냐. 5학년이라고 해도 열심히 공부해야 해. 알았어?"

목소리를 높인 아버지가 얼른 안방으로 들어갔다. 그걸 본 어머니가 혀를 찼다.

"일밖에 모르는 양반이라 자식이 몇 학년인지도 모르지. 너도 이 층에 가서 얼른 자."

"네. 안녕히 주무세요."

이 층으로 올라간 상욱이는 민정이 방 맞은편 방으로 들어갔다. 방에는 아버지가 사 준 침대와 책상이 있었는데 책상 위에는 책가방과 교과서들이 쌓여 있었다. 침대에 누운 상욱이는 팔베개를 한 채 천장을 보며 중얼거렸다.

"진짜 끝내주는 경기였어."

어색한 전학생

　다음 날인 일요일에도 상욱이네 식구는 하루 종일 짐을 정리해야만 했다. 일요일이 지난 다음 날, 상욱이는 어머니가 깨우는 소리에 눈을 떴다. 월요일이 싫어서 이불을 폭 뒤집어쓴 상욱이는 자는 척했지만 한 손에 밥주걱을 든 어머니가 이불을 걷으면서 싸늘한 현실과 마주쳐야만 했다.

　"빨리 일어나라고 했지?"

　어머니의 치켜든 밥주걱을 본 상욱이는 얼른 일어났다. 밖으로 나가자 졸린 눈을 비비고 나오는 민정이와 마주쳤다. 어머니가 얼른 내려와서 밥 먹으라는 얘기를 남기고 먼저 계단을 내려갔다. 상욱이는 민정이의 손을 잡고 계단을 내려갔다. 어머니가 있는 부엌으로 가자 고소한 기름 냄새가 났다. 맛있는 냄새를 맡은 민정이가 소리쳤다.

"분홍 소시지다!"

어머니가 잘 구워진 분홍 소시지를 접시에 옮겨 담았다. 냉장고에서 보리차가 든 유리병을 꺼내고, 잘게 자른 김치까지 식탁에 올려놓은 어머니가 말했다.

"컵은 아직 못 풀었으니까 물은 밥그릇에 따라 마셔라."

"네. 아버지는요?"

"새벽에 나가셨어. 오늘이 월요일이라 차가 막힌다고 말이야."

상욱이가 밥그릇에 보리차를 따라서 민정이 옆에 놨다. 그사이에 벌써 민정이는 분홍 소시지를 먹었다. 그걸 본 어머니가 혀를 찼다.

"오빠랑 같이 먹어야지. 아픈 데는 괜찮아?"

민정이는 고개를 끄덕거리며 입을 활짝 벌렸다. 입안을 살펴본 어머니가 말했다.

"부기는 가라앉았네. 그래도 앞니로 씹지 말고 옆으로 씹어."

"네."

자리에 앉은 상욱이가 젓가락으로 김치를 집었다. 앞치마를 벗고 자리에 앉은 어머니가 말했다.

"소파에 옷 가져다 놨으니까 입고 가. 도시락 잘 챙기고, 오늘은 데려다줄 거지만 내일부터는 둘이 가야 해."

"알았어요, 어머니."

상욱이의 대답을 들은 어머니가 민정이를 바라봤다.

"친구들이랑 잘 지내고."

"그럴게요."

분홍 소시지를 먹느라 정신이 없던 민정이가 대충 대답하자 살짝 노려보던 어머니가 상욱이를 바라봤다.

"너도 싸우지 말고 다녀."

"네."

이번에도 짧게 대답한 상욱이는 속으로 바짝 긴장했다. 이사를 가야 한다고 했을 때 친구들이 서울 아이들이 얼마나 야박하고 무시무시한 존재인지 얘기해 주었기 때문이다. 하지만 상욱이는 티를 내지 않고 묵묵히 식사를 마쳤다.

둘이 거실로 나가자 소파에 옷과 가방이 쌓여 있었다. 민정이는 좋아하는 〈요술 공주 밍키〉 책가방을 보고 활짝 웃었다. 상욱이도 노란색과 파란색이 섞인 줄무늬 티셔츠를 보고 나름 만족해했다. 둘이 옷을 입고 가방을 메는 사이 머리를 묶은 어머니가 나왔다.

"얼른 가자."

상욱이와 민정이는 신발을 신고 실내화가 든 신발주머니와 도시락 가방을 든 채 현관을 나왔다. 대문 앞은 두 갈래 내리막길이 있었다. 어머니는 오른쪽 골목길로 내려갔다. 어머니가 조심스럽게 걸어 내려가면서 중얼거렸다.

"경사가 심하네. 겨울에 눈 오면 큰일 나겠어."

좁은 골목길 양쪽은 이 층 양옥집들이 주르륵 서 있었다. 간혹 대문에서 등교하는 아이들이 나왔다. 내리막길이 끝나고 오른쪽으로 꺾인 길을 따라 걷자 갑자기 넓은 공터가 나오고 학교로 올라가는 오르막길이 보였다.

활짝 열린 교문 옆에는 남자 선생님이 서 있었다. 오르막길을 올라간 어머니가 선생님에게 허리를 숙여서 인사를 하고 교무실이 어딘지 물었다. 몸을 돌린 선생님이 앞뒤로 나란히 서 있는 두 채의 건물들 중 앞쪽을 가리키며 현관 오른쪽이라고 대답했다. 고맙다는 말을 하고 안으로 들어간 어머니가 학교 운동장을 돌아보면서 말했다.

"산을 죄다 깎아서 만들었네. 서울 사람들 참 대단해."

어머니 말대로 산을 깎아서 만들었기 때문에 학교 건물도 경사 때문에 같은 층으로 지었어도 높이가 달랐다. 앞쪽 학교 건물로 들어간 어머니는 길다란 널빤지가 깔린 복도를 지나 교무실이라는 팻 말이 붙은 문을 드르륵 열었다. 한쪽 벽에 거대한 칠판이 붙은 공간이 나왔다. 줄지어 자리 잡은 책상들에 선생님들이 앉아 있었는데 입구에서 가장 가까운 책상에서 젊은 누나가 일어났다. 청바지를 입고 파마를 한 누나가 물었다.

"어떻게 오셨어요?"

"네, 이사를 와서요. 아이들 전학시키고 인사드리려고 왔어요."

"아, 정상욱이랑 정민정 학생의 어머님이세요?"

"네."

어머니의 대답에 누나가 뒤쪽 창가로 오라고 했다. 그리고 교감 이연식이라는 명패가 있는 책상으로 갔다. 신문을 읽던 교감 선생님이 고개를 들었다. 가운데 머리가 비어 있는 교감 선생님은 금테 안경을 끌어 올리며 어머니에게 물었다.

"대전에서 오셨죠?"

"네, 그제 이사 왔습니다."

"정상욱이는 5학년 1반, 정민정이는 1학년 3반으로 배정했습니다. 학생 수도 적고 선생님들이 경험이 많아서 도움이 될 겁니다."

"잘 부탁드립니다, 교감 선생님."

어머니의 인사를 받은 교감 선생님이 옆에 서 있는 누나에게 말했다.

"미스 백이 학생들을 교실로 안내해 주고, 어머니는 잠시 저랑 차 한 잔 하시죠."

"감사합니다."

미스 백이라고 불린 누나가 바짝 긴장한 상욱이와 민정이에게 다정하게 말했다.

"가자. 교실로 데려다줄게."

둘은 바짝 얼어붙은 채로 미스 백 누나를 따라 교무실을 나갔다. 문을 닫은 미스 백 누나가 말했다.

"일단 신발부터 갈아 신어."

상욱이와 민정이는 신발주머니에서 꺼낸 하얀 실내화를 신었다. 상욱이와 민정이에게 미스 백 누나가 말했다.

"1학년 교실은 1층에 있어. 저기서부터 1반, 그리고 2반, 그리고 그 옆이……."

"3반이요."

민정이가 웃으며 대답하자 미스 백 누나가 잘했다고 말하며 앞장서 걸었다. 등교 시간이 가까워졌는지 아이들의 목소리가 더욱 크게 들려왔다. 미스 백 누나가 1학년 3반의 앞문을 열고 교탁 앞에 서 있던 담임 선생님에게 말했다.

"안 선생님, 대전에서 온 전학생이에요."

상욱이는 꽉 잡았던 민정이의 손을 놓으며 말했다.

"누가 괴롭히면 오빠한테 얘기해. 혼내 주러 올게."

상욱이의 말에 민정이는 앞니 빠진 횅한 곳을 드러내며 웃었다. 문을 닫은 미스 백 누나가 상욱이에게 말했다.

"든든한 오빠네. 5학년 교실은 저기 뒤쪽 건물이야. 따라와."

"네."

후문으로 나간 미스 백 누나는 뒤쪽 건물과 연결된 시멘트 계단을 올랐다. 운동장 쪽은 철제 난간이 있었다. 주의하라는 미스 백 누나의 얘기를 들으며 계단을 올라가자 두 번째 학교 건물이 보였다. 붉은색 벽돌로 지은 학교 건물로 아이들이 쏟아져 들어갔다. 현관 쪽으로 걸어가던 미스 백 누나가 물었다.

"와 보니까 서울은 어때?"

"아직 잘 모르겠어요. 그제 올라왔거든요."

"잘 적응해 봐. 학생들도 착하고 선생님들도 열심히 하시니까."

"그럴게요."

현관으로 들어간 미스 백 누나는 중앙에 있는 계단으로 올라갔다. 5학년은 2층이었고 운동장 쪽이 1반이었다. 여동생 민정이에게 큰소리를 치긴 했지만 사실 상욱이 역시 바짝 긴장했다. 미스 백 누나가 5학년 1반의 앞문을 드르륵 열었다. 교탁이 보이고, 창가 근처에 앉은 선생님이 보였다. 오십 대로 보이는 남자 선생님은 교감 선생님만큼이나 무뚝뚝해 보였다. 미스 백 누나가 쾌활한 목소리로 말했다.

"박 선생님, 전학생이요."

"그래, 알았어."

미스 백 누나가 상욱이를 두고 떠나자 담임 선생님이 손짓으로 불렀다. 쭈뼛거리며 다가간 상욱이를 힐끔 본 담임 선생님이 상욱이의 생활 기록부를 들여다봤다. 그러다가 불쑥 물었다.

"야구 좋아하니?"

갑작스러운 질문에 상욱이가 얼른 대답하지 못하자 담임 선생님이 쳐다봤다. 놀란 상욱이가 고개를 끄덕거리며 입을 열었다.

"네, 좋아합니다."

"학생은 공부가 우선이니까 공부부터 열심히 해. 여긴 변두리긴 해도 서울이라 공부 잘하는 애들이 많아. 5학년 때 제대로 하지 못하면 6학년에 올라가서 뒤처진다. 알았어?"

"알겠습니다, 선생님."

어색한 분위기에 몸을 배배 꼰 상욱이는 얼른 어디에라도 앉고 싶었다. 하지만 선생님은 인사를 해야 한다며 그대로 칠판 앞에 서 있으라고 했다. 담임 선생님은 앉아서 침을 발라 가며 서류를 넘기다가 교실로 들어오는 아이들에게 조심해서 들어오라든지 빨리빨리 앉으라고 한마디씩 했다. 그렇게 아이들이 모두 앉자 의자에서 일어난 담임 선생님은 교탁 앞에 섰다. 그러자 키가 큰 반장이 일어나서 우렁찬 목소리로 말했다.

"차렷! 선생님께 경례!"

다들 코가 책상에 닿을 정도로 인사를 하자 상욱이는 몸을 더 배배 꼬았다. 뒷짐을 진 선생님이 몇 가지 얘기를 하고는 상욱이를 손짓으로 불렀다. 주춤거리며 교탁 옆에 서자 담임 선생님이 두툼하고 따뜻한 손을 상욱이의 어깨에 올렸다.

"오늘부터 너희와 함께 지낼 친구다. 대전에서 올라온 정상욱이를 따뜻한 박수로 맞이해 줘라."

시켜서 하는 게 표 나는 힘없는 박수 소리가 울려 퍼졌다. 가늘게 이어진 박수 소리가 끝나자 담임 선생님이 상욱이를 내려다보며 말했다.

"친구들에게 한마디 해라."

"네?"

"잘 부탁한다고 인사해야지."

살짝 목소리 톤이 올라간 담임 선생님의 말에 상욱이는 서둘러 입을 열었다.

"나, 나는 대전에서 올라온 정상욱이라고 합니다. 자, 잘 부탁한다. 치, 친구들아."

점점 기어들어 가는 상욱이의 목소리에 몇몇 아이들이 손으로 입을 가리고 킥킥거리며 웃었다. 담임 선생님이 중간의 빈자리를 손가락으로 가리켰다.

"일단 저기 앉아라."

"네."

상욱이는 자신을 쳐다보는 아이들을 지나 담임 선생님이 알려 준 자리로 갔다. 창가 자리였는데 옆에는 남자아이가 앉아 있었다. 짧게 깎은 머리에 단추가 없는 칼라 티셔츠를 입은 아이는 무표정하게 상욱이를 바라봤다. 상욱이는 억지로 웃으며 안쪽으로 들어가서 빈자리에 앉았다. 그리고 삐걱거리는 책상 옆 고리에 도시락 가방을 걸어 놓고 가방은 아래쪽에 살짝 내려놨다.

아침 조회 시간이 끝나는 것을 알리는 종소리가 들리자 담임 선생님이 아까 읽었던 서류를 옆구리에 낀 채 앞문으로 나갔다. 걸어가는 선생님의 그림자가 완전히 사라지자 아이들이 일제히 의자에서 일어나면서 삐걱거리는 소리가 울려 퍼졌다. 상욱이는 옆자리에 앉은 짝꿍에게 말을 걸어 보려고 했지만 그 아이가 바람처럼 사라져 버리는 바람에 말 한마디도 붙이지 못했다. 반 아이들은 남자와 여자 합쳐서 오십 명은 넘어 보였지만 한 명도 상욱이에게 관심을 보이지 않았다.

'생각보다 쉽지 않겠는걸.'

여동생 민정이는 더 심한 텃세에 시달릴 거라고 생각한 상욱이는 마음이 더없이 불편했다. 그렇게 멍하게 앉아 있는데 첫 번째 수업인 국어 시간이 시작되었다. 화장실을 깜빡한 상욱이는 얼굴을 살짝 찌푸렸다. 밖에 나가 있던 짝꿍은 후다닥 들어와서 옆자리에 앉았다. 그리고 앞을 본 체 상욱이에게는 관심조차 보이지 않았다. 먼저 말을 걸기도 애매하고 자존심도 상한 상욱이 역시 아무 말도 하지 않고 앞만 바라봤다.

잠시 후, 담임 선생님이 1교시 수업 시간에 다시 교실로 들어왔다. 나갈 때와 달라진 건 옆구리에 국어 교과서를 끼고 있다는 것뿐이었다. 교탁에 교과서를 올려놓은 담임 선생님이 무뚝뚝한 목소리로 얘기했다.

"지난번에 얘기한 대로 쪽지 시험을 치른다. 다들 가방 올려놔!"

담임 선생님의 말이 떨어지기가 무섭게 아이들이 일제히 가방을 책상 위에 올려 짝꿍이 볼 수 없도록 벽을 만들었다. 얼떨떨한 상욱이에게 담임 선생님이 말했다.

"너도 얼른 준비해."

허둥지둥 가방에서 필통을 꺼낸 상욱이는 험난한 하루가 될 것 같은 예감에 큰 한숨이 나왔다.

정신없는 첫 번째 국어 시간이 지나고 점심시간까지 뭘 어떻게 배웠는지도 모르게 시간이 흘러갔다. 서울 사람들은 말도 빠르고 행동은 더 빨랐다. 그렇게 점심시간이 되고 아이들은 삼삼오오 모여서 밥을 먹었다. 슬쩍 눈치를 보던 상욱이는 짝꿍이 도시락을 들고 앞쪽으로 가 버리는 걸 물끄러미 지켜봤다.

결국 상욱이는 혼자서 밥을 먹어야만 했다. 도시락을 주섬주섬 꺼냈다. 반찬은 아침에 먹었던 분홍 소시지와 김치였다. 침을 꼴깍 삼킨 상욱이는 밥과 반찬을 먹기 시작했다. 그때 책상 앞에 그림자가 드리워졌다. 초롱초롱한 눈망울로 상욱이를 바라보던 여자아이가 말했다.

"같이 밥 먹을래?"

말은 그렇게 했지만 여자아이는 이미 도시락을 책상에 올려놓은 상태였다. 멍하게 있던 상욱이에게 여자아이가 싱긋 웃으며 말했다.

"난 부반장 윤지형이라고 해."

"바, 반가워."

"대전에서 왔다며? 우리 어머니 고향이 옥천이라 명절 때 대전을 지나가."

　지형이는 이런저런 얘기를 했지만 상욱이의 귀에는 들리지 않았다. 전학 와서 처음 말을 걸어 준 아이가 예쁘장한 여자아이라 정신을 차리지 못했기 때문이다. 안 먹냐는 지형이의 말에 상욱이는 얼른 고개를 끄덕거리고는 숟가락으로 밥을 퍼 먹었다.

옥란이 누나

지형이와 같이 밥을 먹은 상욱이는 문득 민정이가 걱정되었다. 상욱이는 도시락 뚜껑을 닫고 난 후에 교실 밖으로 나왔다. 그리고 미스 백 누나와 함께 온 길을 거슬러 아래에 있는 학교 건물로 향했다. 계단을 내려간 상욱이는 1학년 3반 교실로 갔지만 남아 있는 아이들 중에 민정이는 보이지 않았다.

'어디 갔지?'

운동장으로 나간 상욱이는 민정이를 찾았다. 한참 만에 찾은 민정이는 친구들에게 둘러싸여서 모래밭에서 두꺼비 집 짓기 놀이를 하고 있었다. 손을 바닥에 놓고 위에 모래를 집처럼 쌓아서 토닥거리며 다 같이 노래를 불렀다.

"두껍아, 두껍아, 헌 집 줄게, 새 집 다오."

상욱이의 걱정이 무색하게 민정이는 벌써 친구들을 많이 사귄 모양이었다. 먼발치에서 지켜보던 상욱이는 걱정을 내려놓고 돌아섰다. 계단을 올라가는데 아래쪽에서 굵직한 목소리가 들려왔다.

"친다!"

난간을 잡고 아래를 쳐다보자 학교 건물 옆에 있는 옹벽* 아래쪽에서 아이들이 짬뽕을 하는 게 보였다.

'서울에서도 짬뽕을 하네.'

상욱이가 흥미롭게 지켜보는데 타자가 능숙한 솜씨로 짬뽕공을 주먹으로 쳤다. 바닥을 튕긴 공은 옹벽에 맞고 엉뚱한 곳으로 날아갔다. 수비하는 아이들이 허둥거리는 사이, 타자는 분필로 그려진 1루를 돌아 2루까지 갔다. 공간이 좁아서 2루까지만 있고 바로 홈이라서 공격 쪽 아이들은 환호성을 질렀다.

"준수 만세!"

준수라고 불린 아이는 2루에서 마치 프로 야구 타자처럼 한 손을 높이 들었다. 상욱이는 속으로 '좀 하네.'라고 생각했다. 그때 지나가던 선생님이 난간에 붙어 있지 말라는 주의를 줬고 상욱이는

❋ 옹벽(擁壁): 땅을 깎거나 흙을 쌓아 생기는 비탈이 흙의 압력으로 무너지는 것을 막기 위해 만든 벽

다시 교실로 돌아갔다.

  2교시를 더 하고 전학생 상욱이의 첫날 수업이 끝났다. 일 년 같은 하루가 끝나자 상욱이는 얼른 집으로 돌아가고 싶었다. 종례 시간에 들어온 담임 선생님이 이것저것 얘기를 했다. 드디어 끝났다고 생각하는 순간 갑자기 담임 선생님이 누군가의 이름을 불렀다.
  "이문철."
  담임 선생님이 부른 건 상욱이에게 말 한 번 걸지 않았던 짝꿍이었다.
  "예!"
  "상욱이가 야구 좋아한다고 했으니까 함께 어울려서 놀아."
  상욱이는 이런 것까지 챙겨 주는 게 이해가 되지 않았다. 속으로 '서울은 이렇게까지 하나.'라고 생각하는데 문철이가 선생님에게 알겠다고 대답해 버렸다. 종례는 그것으로 끝났다. 다들 우르르 나가는 가운데 상욱이도 나가려고 했다. 그때 문철이가 말했다.
  "같이 가."
  "어딜?"
  "친구들 보러."
  빨리 집에 가고 싶었던 상욱이는 억지로 웃으며 말했다.

"괘, 괜찮아."

"난 안 괜찮아. 담임이 시키는 대로 안 하면 죽으니까."

"왜?"

"담임이 화나면 아무도 못 말려."

한숨을 쉰 문철이가 상욱이한테 따라오라는 말을 남기고 뒷문으로 나갔다. 어벌쩡하던 상욱이에게 점심시간에 같이 밥을 먹은 지형이가 내일 보자고 손을 흔들며 나갔다. 복도에서 빨리 오라는 문철이의 말을 들은 상욱이는 서둘러 따라 나갔다.

복도는 집으로 가려는 아이들로 북적거렸다. 복도에 있던 신발함에서 신발을 챙긴 상욱이는 서둘러 문철이를 따라 나갔다. 계단을 내려가던 문철이가 묻지도 않은 말을 했다.

"난 작년에 전학 왔어. 그전에는 개봉국민학교 다녔고."

"그래?"

"여긴 생긴 지 얼마 안 된 곳이야. 엄마 말이 예전에는 전부 산이었다고 했어."

"그럼 다들 전학 온 거야?"

"아마 3학년인가 4학년부터는 전학생일 거야. 개봉국민학교를 다닐 때에는 학생들이 너무 많아서 오전반이랑 오후반으로 나눠서 공부했어."

"여기도? 대전에서도 그랬어."

어느덧 얘기를 나누게 된 둘은 계단을 내려갔다. 문철이는 아이들이 짬뽕을 하던 옹벽으로 데리고 갔다. 몇 명이 벌써 모여서 벽에 짬뽕공을 튕기며 놀고 있었다. 문철이가 큰 소리로 외쳤다.

"친구 데리고 왔어."

공을 던지며 놀던 아이들이 일제히 돌아봤다. 문철이가 그중 가장 키가 크고 마른 아이에게 말했다.

"대전에서 왔대. 이름은 정상욱이고."

얼떨결에 소개를 받은 상욱이는 어색하게 "안녕."이라고 인사했다. 다른 아이들은 다시 공을 던지며 놀았고, 키가 크고 마른 아이만 파란색 짬뽕공을 바닥에 튕기며 다가왔다. 문철이가 중간에 끼어서 소개를 해 줬다.

"얘는 승준이야, 이승준. 우리 학교에서 야구에 가장 미친 애지. 2반이고, 다른 친구들도 다 5학년이야."

승준이가 무뚝뚝하게 말했다.

"너, 꼭대기 집에 이사 왔지?"

"꼭대기 집?"

"우리 동네에서 제일 꼭대기에 있어서 다들 그렇게 불러."

"그렇구나. 그제 이사 왔어."

"그 집에 살던 강민구라는 애랑 친하게 지냈었어."

"아, 우리가 이사 왔을 때는 집이 비어 있었어."

상욱이의 대답을 들은 승준이가 얼굴을 살짝 찡그렸다.

"그랬을 거야. 아버지 사업이 망해서 야반도주했거든."

예상 밖의 얘기에 놀란 상욱이에게 승준이가 한마디 더 던졌다.

"어른들이 그러는데 그 집 터가 안 좋다니까 조심해."

상욱이가 뭐라고 대꾸할 틈도 주지 않고 승준이는 가지고 있던 공을 건넸다.

"한번 던져 봐. 투수는 누구 좋아해?"

승준이의 물음에 상욱이는 1초도 고민하지 않고 바로 대답했다.

"박철순."

"불사조 박철순을 좋아하는구나. 나는 김재박!"

그러면서 승준이는 개구리 번트를 흉내 냈다. 그러고는 상욱이에게 던져 보라는 시늉을 했다. 상욱이는 옹벽 앞에 가서 심호흡을 하고 투수처럼 발을 들어 올리고 공을 던졌다. 빠른 속도로 날아간 공이 옹벽을 맞고 비스듬하게 튕겨 나갔다. 지켜보던 아이들 중 한 명이 재빠르게 손을 옆으로 뻗어서 공을 잡은 뒤 승준이에게 던졌다. 두 손으로 공을 받은 승준이가 다시 상욱이에게 공을 건넸다.

"제법이네. 대전에서 야구 좀 했어?"

"그럼, 배트 대신 각기목*으로 쳤어."

"글러브는?"

"두 개 가지고 돌려썼어. 포수 글러브랑 야수 글러브."

문철이는 물론이고 다른 친구들까지 놀란 걸 보면 여기는 그 정도는 아닌 것 같았다. 서울 애들도 별거 아니라고 생각한 상욱이의 속마음을 눈치챘는지 승준이가 입을 열었다.

"우리는 야구장도 있어."

"진짜?"

"이따 보여 줄게. 어차피 꼭대기 집으로 가려면 거기로 가야 해."

승준이는 또래보다 키도 컸지만 굉장히 어른스러운 느낌을 줬다. 그때 뒤에서 민정이가 부르는 소리가 났다.

✤ **각기목** : 각목의 비표준어

"오빠!"

상욱이가 돌아보자 민정이가 두꺼비 집 짓기 놀이를 하던 친구들과 서 있었다.

"나, 친구들이랑 달고나 사 먹고 갈게."

"알았어!"

상욱이가 크게 대답하자 민정이는 신이 난 듯 신발주머니를 흔들면서 친구들이랑 교문 쪽으로 뛰어갔다. 그 모습을 본 승준이가 물었다.

"여동생?"

"응, 1학년이야."

둘이 얘기를 주고받는데 갑자기 문철이가 불쑥 말했다.

"상욱이 오늘 우리 반 부반장이랑 밥 먹었어."

그 말에 공을 옹벽에 튕기던 아이들까지 모두 얼음이 된 것처럼 멈췄다. 그래서 상욱이는 하마터면 "땡!"이라고 할 뻔했다. 승준이가 살짝 충격을 받은 표정으로 물었다.

"지형이랑?"

아이들의 반응에 놀란 상욱이는 가까스로 고개를 끄덕거렸다.

"먼저 먹자고 해서."

"그랬구나."

몇 번 공을 더 던지고 얘기를 나누면서 자연스럽게 상욱이는 개봉동 '공포의 외인구단' 멤버가 되었다. 《공포의 외인구단》은 유명 만화가 이현세의 야구 만화인데 엄청난 인기를 얻었다. 주인공인 오혜성을 비롯해서 실패한 야구 선수들이 지옥 훈련을 통해 최고의 선수로 거듭난다는 내용이었다.

야구를 좋아하는 상욱이 역시 대전에 살 때 다음 권이 나올 때마다 만화방에서 읽었다. 멤버들의 별명은 《공포의 외인구단》에 나오는 등장인물 이름이었는데 승준이는 당연히 투수이자 주인공인 오혜성이었다. 그리고 몇 가지 규칙도 전해 들었다. 점심시간에는 옹벽 앞에 모여서 공 던지기 연습을 하고 주말에는 야구장에 모여서 야구를 한다는 것이다. 상욱이는 알겠다고 하고는 같이 교문을 나섰다.

교문 앞에는 하교 시간에 맞춰서 줄지어 세워진 작은 천막들이 솜사탕과 달고나 같은 걸 팔았다. 그리고 학교와 정면으로 마주 보는 이 층 건물의 일 층에 있는 문방구도 아이들로 북적거렸다. 특히 문방구 밖에 있는 게임기에는 목욕탕 의자를 깔고 앉은 아이들이 소리를 질러 가며 게임을 하는 중이었다.

아이들은 아침에 상욱이가 어머니랑 내려오던 길이 아닌 다른 길로 올라갔다. 학교의 철조망 담장이 쭉 이어진 곳이었는데 산을 깎아서 만든 학교답게 담장 너머는 까마득한 절벽이었다. 승준이가 언덕길을 올라가면서 앞을 가리켰다.

"저기 놀이터 보이지?"

승준이가 가리킨 곳에는 정말 작은 놀이터가 있었다. 언덕에 만들어져서 그런지 학교 건물처럼 두 개로 나눠졌는데 아래쪽은 그네와 철봉이 있었고, 계단으로 연결된 위쪽은 더 작아서 그런지 벤치 몇 개만 있었다. 위쪽 놀이터와 연결된 계단을 오르며 상욱이가 승준이에게 물었다.

"여기에서 야구해?"

아이들 몇 명이 모여서 놀기에는 좁지 않았지만 야구를 하기에는 많이 좁았다. 주변을 돌아보던 상욱이에게 승준이가 말했다.

"아니, 저기에서 해."

승준이가 턱으로 가리킨 곳은 놀이터 밖 시멘트 길이었다. 위쪽은 돌로 쌓은 옹벽이었고, 아래쪽은 내리막길이었다. 내리막길에서는 아침에 어머니와 함께 학교를 가기 위해 내려온 길이 보였다. 살짝 놀란 상욱이에게 승준이가 아래쪽을 가리켰다.

"저기가 홈이야. 여기 뒤쪽 옹벽이 외야 담장이고. 이 담장을 넘기면 홈런이야."

상욱이는 경사진 길에 있는 야구장은 처음이어서 뭐라고 대꾸해야 할지 갈피를 잡지 못했다. 그때 어디선가 이상한 냄새가 났다. 코를 킁킁거린 상욱이가 승준이에게 물었다.

"근처에서 뭐 태우나 봐."

"그게 아니라 최루탄* 냄새야."

얼굴을 찌푸린 상욱이가 중얼거렸다.

"최루탄? 시위하는 대학생들한테 쓰는 거?"

"근처에 공단이 있어서 그래. 앞으로 종종 맡게 될 거야."

둘이 얘기를 나누는데 옆에 있던 문철이가 끼어들었다.

"겨울에는 썰매 타기 진짜 좋아."

상욱이가 살펴보니 길은 넓은 편이었고 길 옆은 놀이터에서 막다른 길이라 놀이터에 가는 사람들이나 올 것 같았다. 얘기를 나누

❄ **최루탄(催淚彈)** : 눈물샘을 자극하여 눈물을 흘리게 하는 약이나 물질을 넣은 탄환

는 동안 실제로도 아래쪽 길로 다니는 사람들만 보일 뿐 언덕길로 올라오는 사람은 없었다. 야구하기에는 나름 나쁘지 않은 곳이라고 생각하는데 승준이가 말했다.

"지름길 알려 줄게. 따라와."

승준이는 화강암이 마름모꼴로 쌓인 옹벽을 능숙하게 타고 올라갔다. 다른 아이들도 쉽사리 올라가자 상욱이도 안 올라갈 수가 없었다. 다행히 울퉁불퉁한 화강암은 훌륭한 발판 역할을 했다. 위로 올라가자 좁고 긴 공터가 나왔다. 마치 학교와 집을 구분하는 경계선 같은 느낌이었다. 당연히 길은 없을 줄 알았는데 마치 논둑길처럼 가운데 길게 길이 나 있었다. 승준이가 거기로 가면서 아이들이 따라갔고, 상욱이도 따라갔다. 그러자 한참 가야 했던 집이 금방 보였다. 그쪽도 옹벽이 있었지만 아래처럼 높지 않아서 그냥 뛰어내리는 걸로 충분했다. 같이 내려온 승준이와 친구들이 내일 보자는 말을 하고는 골목길로 사라졌다.

파란만장한 하루를 보낸 상욱이는 집으로 향했다. 대문은 반쯤 열려 있었는데 그 앞에서 어머니가 김 사장과 얘기를 나누는 중이었다. 그리고 김 사장 옆에는 처음 보는 누나가 서 있었다. 검은색 치마를 입고 머리를 단정하게 묶었는데 대략 스무 살 즈음으로 보

었다. 문가에 서서 팔짱을 낀 어머니 표정은 다소 굳어 있었고, 김 사장은 두 손을 저으면서 고개도 함께 저었다. 그러다가 상욱이가 나타나자 반가워하며 어머니에게 말했다.

"혼자 살아서 조용해요. 그러니까 세를 들여도 아무 문제 없다니까요."

어머니는 팔짱을 낀 채 젊은 누나에게 물었다.

"정말 혼자 맞아요?"

그러자 젊은 누나가 고개를 끄덕거렸다. 어머니는 살짝 안심하는 표정으로 김 사장에게 말했다.

"혼자 산다고 해 놓고 나중에 한 명씩 늘어나는 건 아니죠?"

"그건 제가 장담한다니까요. 만약 아니면 제가 복비를 돌려드릴게요, 사모님."

"진짜죠? 이번에도 사고 치면 진짜 사장님 안 볼 거예요."

"아이고, 믿어 보시라니까요."

어머니의 공격을 이리저리 피한 김 사장이 누나를 보며 말했다.

"참, 애 이름은 김옥란이에요."

이름을 들은 상욱이가 조용히 중얼거렸다.

"옥란이 누나."

하지만 생각보다 크게 얘기했는지 옥란이 누나를 포함해서 다들 상욱이를 돌아봤다. 놀란 상욱이를 본 김 사장이 활짝 웃었다.

"그래, 앞으로 친하게 지내라."

가 보겠다는 말과 함께 돌아선 김 사장은 골목 모퉁이에 세워진 자동차를 타고 떠났다. 덜덜거리며 언덕을 내려가는 차를 보던 어머니가 혀를 찼다.

"무슨 번갯불에 콩 구워 먹는 것도 아니고."

한숨을 쉰 어머니는 대문 밖에 우두커니 서 있는 옥란이 누나를 훑어보며 물었다.

"진짜 혼자 사는 거 맞죠? 동생들 없고?"

"네, 외동딸이고 부모님은 청량리에 사세요."

"청량리가 어딘데요?"

"저기 서울 반대편이에요. 1호선이 있긴 한데 너무 오래 걸려서 근처에 집을 얻으려고 돌아다니고 있었어요."

"일하는 곳은 구로 공단?"

"네, 여기서 버스 타면 금방이에요."

어머니는 의외로 또박또박 대답한 옥란이 누나를 마음에 들어 하는 눈치였다. 상욱이도 갸름한 얼굴의 옥란이 누나가 마음에 들었다. 어머니는 옥란이 누나에게 들어오라고 한 뒤에 손가락으로 현관의 계단 아래를 가리켰다.

"저기가 지하실인데 한 번 볼래요?"

"네, 아주머니. 고맙습니다."

어머니가 앞장서서 걸어갔고, 옥란이 누나가 뒤따라갔다. 상욱이도 은근슬쩍 따라갔다. 현관 아래에 가파른 계단이 감춰져 있었고, 그 안쪽에 알루미늄으로 만든 문이 달려 있었다. 굉장히 좁고 낮아서 상욱이조차 허리를 살짝 구부려야 할 정도였다. 좁고 어두운 통로에는 먼지가 잔뜩 낀 알전구가 하나 매달려 있었다. 어머니가 켜려고 했지만 잘 되지 않았다. 어머니가 민망했는지 옥란이 누나에게 말했다.

"전구는 내가 새로 사다가 끼워 줄게요."

옥란이 누나가 알겠다고 대답했다. 안으로 조금 더 들어가자 조금 전 봤던 알루미늄 문이 보였다. 거길 열고 들어가자 계단이 나오면서 비로소 서 있을 정도로 높아졌다. 연탄아궁이가 있는 부뚜막처럼 생긴 공간에는 녹슨 석유풍로가 놓여 있었다. 오른쪽엔 작은 방이 보였는데 낡은 벽지에 거미줄이 잔뜩 끼어 있었다. 민망해진 어머니가 괜히 김 사장을 탓했다.

"아니, 누굴 데려오려면 미리 얘기를 하든가, 갑자기 데려와서 난처하게 만드네. 사실 여기는 원래 연탄광이었는데 전 주인이 고쳐서 세를 줬다고 들었어요."

그런 어머니에게 옥란이 누나가 웃으며 말했다.

"제가 급하다고 빨리 보여 달라고 했어요. 출퇴근하는 데 시간이 너무 오래 걸려서요. 괜찮으시면 이사 오고 싶어요."

"언제요?"

"며칠 있다가 공장에 얘기해서 하루 쉬고 짐 가지고 올게요."

"그래요. 아가씨가 착실해 보여서 내가 싸게 주는 거예요."

"고맙습니다."

"내가 싹 청소해 놓을 테니까 걱정 말고 이사 와요."

알겠다고 대답한 옥란이 누나와 함께 다 같이 밖으로 나왔다.

옥란이 누나는 고맙다고 말하면서 대문 밖으로 나갔다. 배웅하러 나가는 어머니를 따라 나갔다가 상욱이는 대문 밖에 아버지의 차가 서 있는 걸 보고 깜짝 놀랐다. 조금 전에는 어머니, 김 사장 그리고 옥란이 누나를 보느라 미처 못 봤었다.

"아버지 벌써 오셨어요?"

"공장에 일이 좀 생겼다더라."

일요일에도 출근하던 아버지가 평일에 일찍 돌아온 건 처음이라서 상욱이는 호기심과 두려움에 얼른 안으로 들어갔다. 현관문을 열자 아버지가 입던 점퍼가 소파에 던져진 게 보였다. 뒤따라 들어오며 현관문을 닫은 어머니가 물었다.

"어째 민정이는 안 오고 네가 먼저 왔니?"

"친구들이랑 노나 봐요."

"벌써 친구를 사귀었어?"

"그런 것 같아요."

상욱이는 그렇게 대답하고는 도시락 가방을 식탁 위에 올려놓고 냉장고에서 시원한 보리차를 꺼내 마셨다. 그런데 상욱이에게 안방에서 어머니가 통화하는 소리가 들렸다. 대전에 사는 이모랑 통화하는 것 같았다. 아무래도 서울 잘못 올라온 것 같다는 말로 시작한 통화는 이사 온 집이 터가 안 좋다는 내용과 함께 아버지가 인수한 공장에서 벌어진 문제로까지 이어졌다. 인수한 공장의 노동자들이 월급 인상을 요구하면서 파업을 했다는 내용이었다.

한참 이어진 통화를 끝내고 어머니가 나오다가 문 앞에 서 있는 상욱이와 마주쳤다.

"다 들었니?"

상욱이가 고개를 끄덕거리자 어머니는 아버지의 점퍼를 손에 들고는 소파에 앉으며 걱정스러운 표정을 지었다.

"아버지가 공장 문을 닫아 버리겠다고 했더니 다들 나가 버렸대. 알고 보니까 예전 사장이 월급을 올려 준다고 약속해 놓고 아버지한테 공장을 넘겨 버린 거지."

"그래서 다들 월급을 올려 달라고 한 거네요."

"맞아. 공장 인수한다고 은행에서 돈도 많이 빌렸는데."

"김 사장 아저씨가 소개해 준 거 아니에요?"

상욱이의 물음에 어머니가 얼굴을 찡그렸다.

"그래서 뭐라고 했지. 집도 그렇고, 공장도 왜 이렇게 이상한 걸 소개했느냐고 말이야."

"아버지는 뭐래요?"

한숨을 크게 쉰 어머니가 소파에서 일어났다.

"낮술 마시고 들어와서 자고 있어. 아이고, 진짜."

"민정이 데리고 올까요?"

"내버려둬라. 너나 얼른 씻어."

"네."

상욱이가 가방을 얌전하게 소파에 올려놓고 욕실로 갔다. 세수를 하고 나오자 어머니는 아버지가 잠든 안방에 들어간 것 같았다.

벽시계를 본 상욱이는 오늘이 월요일이라는 사실을 알고 살짝 실망했다. 올 초에 방영을 시작해서 재미있게 보던 〈우주의 여왕 쉬라〉가 목요일과 금요일 오후에 방영이라 한참을 기다려야 했기 때문이다. 그래도 상욱이는 험난할 것 같았던 학교생활이 개봉동 공포의 외인구단 덕분에 어느 정도는 즐거울 것 같아서 다행이라고 생각했다.

잠시 후에 초인종 소리가 들렸다. 상욱이가 현관문을 열고 나가자 민정이가 보였다. 인터폰 옆에 있는 버튼을 누르자 지잉 하는 소리와 함께 대문이 열리고 민정이가 뛰어들어 왔다. 신이 난 민정이를 본 상욱이가 손가락으로 조용히 하라는 신호를 보냈다. 민정이가 걸음을 멈추고 의아한 얼굴로 물었다.

"왜?"

"아버지 공장에 문제가 생겼나 봐. 안방에서 주무시니까 조용히 해, 알았지?"

"그래서 아빠 차가 와 있었구나. 알았어."

민정이가 발뒤꿈치를 들고 조용히 욕실로 갔다. 상욱이는 소파에 던져둔 가방을 챙겨서 이 층으로 올라갔다.

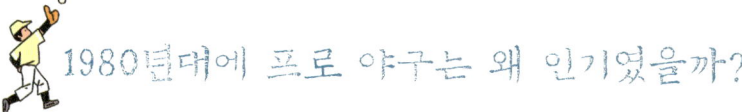
1980년대에 프로 야구는 왜 인기였을까?

야구는 1904년 대한 제국 시기에 선교사 필립 질레트를 통해 우리나라에 처음 알려졌어요. 이후 학교를 중심으로 야구단이 생겼고, 1915년에는 우리나라 최초로 공식 야구 대회가 열렸지요. 1930년대 들어서는 일본의 야구 통제령에 따라 야구를 하기 어려워졌지만 해방 이후 다시 야구의 인기가 살아났고, 1960년대 후반부터 고등학교 야구가 대유행했어요.

1980년대 접어들어 우리나라 정부는 사람들이 정치보다 스포츠에 관심을 갖기를 원했어요. 그 결과 1982년, 여섯 개의 프로 팀으로 구성된 한국 프로 야구가 출범했어요. 프로 야구는 큰 인기를 끌었어요. 즐길 것이 별로 없던 시절이었던 데다가 야구 팀이 각 지역을 기반으로 만들어졌기 때문에 사람들은 저마다 자기 지역 야구단을 응원했어요. 프로 야구 경기가 시작된 첫해에 백사십만 명 이상의 관중이 몰렸지요.

프로 야구 팀은 어린이 회원을 적극적으로 모집하며 팬층을 키웠고, 텔레비전과 라디오가 널리 보급되면서 야구는 온 가족이 즐기는 스포츠로 자리 잡았어요. 이러한 인기를 바탕으로 《공포의 외인구단》이라는 만화가 출간되어 크게 흥행했지요. 프로 야구는 정부의 장려하에 시작되었지만 1980년대라는 시대적 상황과 맞물리면서 큰 인기를 끌게 된 것이지요.

프로 야구는 현재 우리나라에서 가장 인기 있는 스포츠로 손꼽히고 있어요. 2024년에는 처음으로 누적 관중 천만 명을 돌파했지요.

MBC 청룡 야구단 창단식
: MBC 청룡 야구단은 현재 LG 트윈스의 뿌리이자, 최초의 서울 팀이에요.

첫 번째 경기

　다음 날에 아버지는 또 일찍 출근했고, 상욱이와 민정이는 어머니가 차려 준 아침을 먹고 도시락을 챙겨서 학교로 갔다. 상욱이는 민정이를 데리고 어제 승준이가 알려 준 지름길로 갔다. 민정이는 신기해하면서 따라왔다.

　교문 너머 학교는 어제보다 덜 낯설어 보였다. 민정이는 같은 반 친구를 만나서 손을 잡고 까르르 웃었다.

　교문에는 담임 선생님이 서 있었다. 무뚝뚝하게 서 있는 담임 선생님에게 상욱이가 공손하게 인사를 했다. 그러자 담임 선생님이 상욱이를 손짓으로 부르더니 물었다.

"어제 문철이랑 잘 놀았냐?"

"네, 친구들도 소개해 줬습니다."

"그래, 공놀이는 적당히 하고 공부해. 알았어?"

"알겠습니다."

"어서 가."

상욱이는 다시 인사를 하고 운동장으로 들어섰다. 운동장을 가로질러 가는 아이들이 보였다. 민정이는 친구들과 운동장에서 놀다가 들어간다고 중간에 빠졌다. 상욱이는 계단을 올라가서 5학년 교실로 향했다. 뒷문을 열고 들어가자 문철이가 아는 척을 했고, 주변의 친구들 몇 명도 따라서 인사를 했다. 앞줄에 앉은 지형이도 눈인사를 해 주었다. 한결 편안해진 상욱이가 자리에 앉자 문철이가 물었다.

"우리 오늘 학교 끝나고 야구장에서 야구하기로 했어."

"누구랑?"

"6학년 형들이랑. 혁진이 형이라고 야구 잘하는 형도 있어."

"알겠어."

"재수 없는 형들이라 지면 안 돼."

왜 재수가 없는지는 알 수 없었지만 상욱이는 고개를 끄덕거렸다. 조회 시간을 시작으로 다람쥐 쳇바퀴 같은 학교 일정이 시작되었다. 점심시간이 되자 문철이와 다른 친구들까지 끼어서 네 명이 같이 먹었다. 식사를 마친 상욱이는 도시락 뚜껑을 닫자마자 문철이와 함께 나갔다. 옹벽에는 벌써 개봉동 공포의 외인구단 멤버들이 모두 모여 있었다. 손을 들어서 아는 척을 한 승준이가 말을 걸었다.

"너는 어떤 역할 할래?"

상욱이는 투수를 하고 싶었지만 승준이의 별명이 오혜성인 걸 보면 이미 투수는 정해진 거 같았다. 그렇다고 포수를 하기는 싫어서 고민하다가 입을 열었다.

"포수 빼고 다 가능해."

"알겠어."

상욱이는 전학 두 번째 날이 첫 번째 날보다 편안했다. 여전히 학교생활은 어색했지만 야구 때문에 더 이상 외롭지 않았기 때문이다. 학교 수업이 모두 끝나고 상욱이는 문철이와 함께 개봉동 공포의 외인구단 야구장으로 향했다. 승준이는 어디서 구했는지 모를 테니스공을 손에 들고 있었다. 그리고 상욱이에게 말했다.

"오늘 누구랑 하는지 들었지?"

"어, 6학년 형들이라며."

"정정당당하게 꼭 이기자."

승준이의 말을 들은 상욱이는 드디어 궁금함을 참지 못하고 물었다.

"문철이도 그러던데 왜 지면 안 되는데?"

"혁진이 형 별명이 공포의 외인구단에 나오는 마동탁이라서."

마동탁은 주인공 오혜성의 라이벌로 승부에 대한 집착이 강하고 비열한 성격이었다. 가입한 지 이틀밖에 지나지 않았지만 개봉동 공포의 외인구단 멤버들은 야구를 좋아한다는 점 때문인지 서로 친하게 지냈고, 상욱이에게도 텃세를 부리거나 따돌리지 않았다. 상욱이는 친구들에게 야구 카드가 든 홈런콘을 사 주고 싶다고 생각하면서 놀이터 옆 야구장에 도착했다.

문철이가 학교에서 가져온 분필로 홈과 1루부터 3루까지 그렸다. 1루는 담장이 높은 집의 대문이었고, 2루는 옹벽 앞, 그리고 3루는 놀이터 입구였다. 동그랗게 마운드를 그려 놓은 문철이가 허리를 펴며 다 그렸다고 외쳤다. 그러자 아이들은 자연스럽게 마운드에 모였다. 낡은 테니스공을 손에 쥔 승준이가 말했다.

"문철이가 포수, 지관이가 1루, 창섭이가 2루, 유섭이가 3루, 그리고 상욱이가 포수 뒤."

다들 고개를 끄덕거리는데 포수 뒤라는 역할을 처음 들은 상욱이가 물었다.

"포수 뒤는 뭐야?"

"내리막이라 포수가 공을 놓치면 저기 끝까지 굴러가거든. 그래서 뒤에 한 명 있어야 해."

들고 보니 틀린 얘기는 아니었다. 상욱이가 서운해할 거라고 생각했는지 승준이가 어깨를 다독거려 줬다.

"다음에는 바꿔 줄게. 원래 돌아가면서 하는 거야."

"알았어."

그렇게 얘기를 나누는데 한 무리의 아이들이 도착했다. 제일 앞에 선 키 큰 아이는 야구 배트를 어깨에 걸치고 있었다. 승준이가 먼저 그 아이에게 인사를 했다.

"왔어요, 혁진이 형."

"그래."

가볍게 대꾸한 혁진이 형이 별안간 배트를 두 손으로 잡고 붕붕 휘둘러 댔다. 뒤쪽에 있던 상욱이는 놀라서 흠칫했지만 승준이는 익숙한지 눈 하나 깜

짝하지 않았다.

상대편도 혁진이 형까지 모두 여섯 명이었다. 상욱이를 쓱 바라본 혁진이 형이 승준이에게 말했다.

"한 명 더 구했네."

"정상욱이라고 대전에서 전학 왔어요."

상욱이가 고개를 숙여 인사를 하자 혁진이 형이 다가와 별안간 상욱이의 귀를 잡아당겼다.

"짜식, 반가워."

놀란 상욱이가 뒤로 물러났다. 그때 승준이가 끼어들었다.

"규칙은 공은 네 개까지, 도루는 안 되고, 옹벽 넘어가면 홈런으로 해요. 지난번처럼 우기면 안 돼요."

"우기긴 뭘 우겼다고 그래. 4회까지 하자."

"좋아요."

"배트는 패대기치기 없기."

"양쪽 모두 그냥 들고 뛰는 걸로 해요."

승준이의 말에 혁진이 형이 알겠다고 고개를 끄덕거렸다. 그리고 가위바위보로 공수를 결정했다. 승준이가 가위를 내서 보자기를 낸 혁진이 형을 이겼다. 하지만 혁진이 형이 승준이가 늦게 냈다고 우겨서 다시 한번 했다. 이번에는 혁진이 형이 이겼다. 지켜보던 상욱이의 눈에는 승준이보다 혁진이 형이 한참 늦게 낸 것 같았다. 문철이가 고개를 절레절레 저었다.

"진짜 짜증 나."

"항상 저런 식이야?"

"어, 한두 번이 아니야. 그래도 배트를 가지고 있어서 야구 경기를 하려면 어쩔 수 없어."

수비 위치로 가자고 승준이가 말하자 개봉동 공포의 외인구단 멤버들은 각자 위치로 갔다. 상욱이는 문철이 뒤쪽으로 갔다. 문철이는 가방에서 초코파이 박스를 여러 개 겹쳐서 테이프로 붙인 걸 꺼냈다. 중간이 접히도록 해서 포수 글러브처럼 공을 받을 수 있게 만든 것이었다.

상대측의 1번 타자는 혁진이 형이었다. 배트를 붕붕 휘두르면서 들어온 혁진이 형이 던지라고 하자 승준이가 발을 힘껏 차면서 공을 던졌다. 초코파이 박스로 만든 포수 글러브에 찰싹하는 소리와 함께 문철이가 큰 목소리로 "하나!"라고 외쳤다. 두 번째와 세 번째 공도 포수 글러브에 정확하게 들어왔고, 혁진이 형은 배트 한 번 휘두르지 못했다. 그리고 네 번째 공 때는 배트를 휘둘렀지만 터무니없이 허공만 치고 말았다. 다음 타자들도 제대로 공을 치지 못하면서 물러났다. 그걸 본 상욱이가 웃자 벽에 기대 있던 혁진이 형이

소리쳤다.

"웃지 마!"

놀란 상욱이가 얼른 입을 닫았다. 수비를 마치고 타석 근처에 모인 개봉동 공포의 외인구단 멤버들이 간단하게 작전 회의를 했다. 승준이가 공을 칠 순서를 정하고는 마운드로 향하는 6학년 형을 힐끔 보며 말했다.

"종수 형이 투수를 하네. 저 형 공은 높이 날아오니까 잘 보고 휘둘러."

상욱이는 마지막 순서라 옆으로 가서 치는 걸 구경했다. 1번 타자는 투수를 했던 승준이였다. 신중한 표정으로 타석에 선 승준이가 해태의 김성한처럼 엉덩이를 뒤로 쭉 빼고 배트를 어깨 위에서 빙빙 돌렸다. 투수인 종수 형이 공을 던졌는데 포수 머리 한참 위로 날아갔다. 승준이는 배트를 휘두를 생각조차 하지 않았다. 그런데 갑자기 지켜보던 혁진이 형이 외쳤다.

"하나!"

그걸 들은 문철이가 나섰다.

"아니, 왜요? 공이 포수 글러브에 들어가지도 않았잖아요."

"하나. 야구하기 싫어?"

혁진이 형이 씩 웃으며 말하자 승준이가 괜찮다는 듯 손을 흔들고는 다시 배트를 잡았다. 두 번째와 세 번째 공도 포수 머리 한참 위로 날아가서 포수 뒤에 있던 형이 꽤 내려가서야 잡을 수 있었다. 네 번째 공은 그나마 포수 근처에 날아왔지만 도저히 배트를 휘두를 수준이 아니었다. 그렇게 허무하게 아웃을 당한 승준이가 다음 타자인 지관이에게 배트를 건네고 돌아왔다. 비겁한 혁진이 형의 행동에 화가 난 상욱이가 씩씩대며 승준이에게 말했다.

"야! 너도 공을 위쪽으로 던져."

승준이는 화를 내는 상욱이를 보며 말했다.

"정정당당하게 승부를 봐야지. 비겁하게 이겨서 뭐하게."

생각지도 못한 대답이라서 상욱이는 살짝 놀랐다. 상대 팀 투수는 지관이에게도 공을 높이 던졌다. 지관이가 마지막 공을 쳤지만 힘없이 굴러가다가 도로 굴러 내려와서 투수가 손쉽게 잡고 직접 터치해서 아웃시켰다. 세 번째 타자는 문철이었다. 하지만 결국 공을 치지 못하고 아웃되면서 공격이 끝났다.

마운드에 다시 선 승준이는 정정당당하게 하겠다는 자신의 얘기대로 공을 던졌다. 선두 타자에게 안타를 맞았지만 다음 타자는 공을 제대로 치지 못했다.

혁진이 형 팀의 공격 역시 마무리되면서 개봉동 공포의 외인구단의 공격이 시작되었다. 이번에는 양심에 찔렸는지 투수가 가운데로 공을 던졌는데 4번 타자인 창섭이가 제대로 공을 쳤다. 투수 옆을 스쳐 지나간 공은 옹벽에 그대로 맞고 앞으로 튕겨 나갔다. 공은 포수 옆을 지나 데굴데굴 굴러가서 포수 뒤에 있던 형이 겨우 잡았다.

단숨에 분위기가 바뀌면서 개봉동 공포의 외인구단 멤버들은 다들 환호성을 질렀다. 지나가던 어른들이 그걸 보고 피식 웃었다. 다음 타자인 유섭이는 공을 치지 못하고 아웃되었다. 이제 공교롭게도 상욱이었다. 유섭이에게 배트를 받아서 상욱이에게 건네준 승준이가 말했다.

"부담 갖지 말고 쳐. 다음 타자가 나니까 어떻게든 해결할게."

"알았어."

승준이의 격려를 받으면서 타석에 들어선 상욱이는 신중하게 투수를 바라봤다. 그런데 어이없게도 상대팀 투수는 한참 위로 공을 던졌다. 지켜보던 문철이가 야유를 하자 다른 멤버들도 따라 했다. 이번에도 승준이가 진정하라는 손짓을 했다. 두 번째와 세 번째 공도 도저히 칠 수 없게 높이 날아왔다. 혁진이 형이 얄미운 목소리로 네 번째 마지막이라고 외쳤다.

잠깐 타석을 벗어난 상욱이는 숨을 고른 뒤에 돌아와서 일부러 배트를 크게 휘둘렀다. 그리고 자세를 잡자 투수가 네 번째 공을 던졌다. 이번에도 위쪽으로 날아가는 공이었는데 상욱이는 김재박처럼 훅 날아올라서 공을 맞췄다. 문철이가 '개구리 번트'라고 외치는 소리가 스쳐 지나갔다. 바닥에 떨어진 공은 통통 튀면서 아래로 굴러갔다. 상욱이는 배트를 쥔 채 1루로 힘껏 달렸다.

승준이가 크게 외쳤다.

"정상욱 파이팅!"

오르막길이라 생각보다 힘들어서 상욱이는 숨이 턱까지 차올랐지만 아웃되지 않고 무사히 도착하는 데 성공했다. 그사이에 3루 주자 창섭이도 홈으로 들어오면서 먼저 1점을 얻을 수 있었다. 1루에 도착한 상욱이는 배트를 쥔 채 두 손을 들고 외쳤다.

"아싸!"

그런데 갑자기 혁진이 형이 다가와 상욱이가 들고 있는 배트를 빼앗아 갔다.

"야! 비겁하게 번트를 대는 법이 어딨어?"

상욱이가 황당해하자 문철이가 끼어들었다.

"번트가 왜 비겁해요? 야구 경기 중에 맨날 하는 거잖아요."

"그래도 번트는 안 돼! 이번 점수 무효야!"

혁진이 형의 억지를 지켜보던 승준이가 다가왔다.

"아까 시작하기 전에 번트 대면 안 된다는 얘기는 없었어요."

"그래도 안 돼! 경기 계속하고 싶으면 이번 점수는 무효야."

혁진이 형이 계속 우기자 승준이가 고개를 끄덕거렸다.

"알겠어요. 그럼 여기서 끝내요."

승준이가 딱 잘라 단호하게 말하자 혁진이 형이 적잖게 당황하는 눈치였다.

"진짜?"

"네, 대신 이번 경기는 우리가 이긴 거예요."

"앞으로 우리랑 경기할 생각은 하지 마라. 이제 배트는 구경도 못 할 거야."

혁진이 형이 배트를 보여 주면서 약 올리듯 말했지만 승준이는 전혀 굴복하지 않았다.

"네, 각기목으로 하면 돼요."

승준이는 이렇게 말하고는 멋있게 돌아섰다. 어느덧 개봉동 공포의 외인구단 멤버로 녹아든 상욱이도 승준이를 따라갔다. 내리막길로 내려간 상욱이는 학교 앞 공터까지 걸어왔다.

"미안, 오랜만에 야구 배트로 경기할 수 있었는데 말이야."

승준이가 사과하자 상욱이가 대답했다.

"괜찮아. 혁진이 형은 어쩜 그렇게 제멋대로야?"

"원래 그랬어. 그런데 배트로 야구하고 싶어서 부탁했는데 이번에도 어그러졌네. 미안해."

다시 한번 사과하는 승준이에게 다른 멤버들이 괜찮다고 했다. 문철이가 너스레를 떨면서 분위기를 바꿨다.

"그냥 짬뽕 하면 되지. 나는 짜장면."

문철이의 농담에 다들 기분이 풀어졌다. 그때 학교 앞 문방구를 본 상욱이가 말했다.

"오늘 내가 점수 낸 기념으로 홈런콘 사 줄게. 어때?"

다들 기뻐하는 와중에 승준이가 말했다.

"거기서 나온 야구 카드는 상욱이한테 몰아주자."

"좋아."

"그래."

사실 상욱이는 야구 카드를 모으기 위해 홈런콘을 먹었기 때문에 내심 반가웠다. 아이들은 우르르 몰려가서 문방구 앞에 있는 냉동고에서 홈런콘 여섯 개를 사서 나눠 먹었다. 껍질을 벗기자 아래쪽 콘에 비닐이 씌워진 야구 카드가 나왔다. 승준이가 아이스크림을 앞니로 베어 물면서 야구 카드를 건넸다.

"불사조 박철순이네."

"와, 신난다."

대전에서는 그렇게 많이 사 먹었어도 한 번도 나오지 않은 박철순 카드였다. 상욱이는 기뻐서 펄펄 뛰었다. 다른 아이들도 야구 카드를 건네주자 상욱이는 순식간에 부자가 된 기분이 들었다. 신이 나서 아이들과 노래를 부르며 학교로 가던 상욱이는 별안간 걸음을 멈췄다. 아주 이상한 냄새 때문이었다. 지난번 맡았던 최루탄 냄새 같았다. 그런데 이번에는 눈까지 따가워지면서 상욱이는 정신을 차릴 수가 없었다. 손으로 눈을 비비려고 하자 승준이가 팔을 붙잡았다.

"눈 비비면 더 따가울 거야."

"어떡해야 하는데?"

상욱이가 절박하게 묻자 승준이가 팔을 당겼다.

"학교로 가면 괜찮아질 거야. 최루탄 가스는 낮은 곳에 고여서 높은 데 올라가면 좀 덜해."

눈도 제대로 뜨지 못하고 상욱이는 승준이의 팔에 의지해서 학교로 올라갔다. 승준이가 상욱이를 곧장 수돗가로 데리고 갔다.

"손으로 눈을 비비면 더 따가워지니까 손으로 물을 퍼서 가볍게 닦아 주는 게 좋아. 이렇게."

승준이가 직접 시범을 보였다. 상욱이가 따라서 하자 신기하게도 따가워진 눈이 많이 가라앉았다. 다른 친구들도 물로 얼굴을 닦았고, 몇 명은 아예 수도꼭지 아래에서 머리를 감기도 했다. 그렇게 최루탄을 씻어 낸 상욱이는 친구들과 함께 옹벽 앞에서 짬뽕을 하며 시간을 보냈다.

지하실 청소

내일 또 보자며 개봉동 공포의 외인구단 멤버들과 아쉬운 작별을 한 상욱이는 오르막길을 올라서 집으로 향했다. 현관에 들어서자 낯선 운동화가 보였다.

"누구지?"

안으로 들어가자 거실 소파에 옥란이 누나가 앉아 있었다.

"누나!"

상욱이가 반가워하자 청바지 차림의 옥란이 누나도 웃으며 인사했다.

"오늘 이사 오는 거예요?"

"내일. 미리 인사드리려고 왔어."

때마침 어머니가 부엌에서 커피를 가지고 나왔다. 고맙다고 말한 옥란이 누나가 집 안을 살펴봤다. 그러다가 벽에 걸린 사진을 봤다. 상욱이가 초등학교 입학할 무렵 재일 교포 야구 선수인 장훈과 찍은 사진이었다. 옥란이 누나가 식탁 의자에 앉은 상욱이를 보며 말했다.

"야구 좋아하니?"

"네, 아주 좋아해요. 누나도 야구 좋아해요?"

커피를 한 모금 마신 옥란이 누나가 고개를 끄덕거렸다.

"여자들은 야구 별로 안 좋아하던데요."

"보는 건 좋아해. 너는 어느 팀 응원하니?"

"딱히 없어요."

상욱이의 대답을 들은 옥란이 누나는 예상 밖의 대답을 했다.

"나는 청보 핀토스 좋아해."

"청보 핀토스면 삼미 슈퍼스타즈 없어지고 생긴 팀이잖아요."

"고향이 인천이거든. 그래서 삼미 슈퍼스타즈를 응원했었어. 삼미가 없어지고 생긴 게 청보잖아."

"엄청 못하잖아요. 그런 팀 응원하면 창피하지 않아요?"

삼미에 이어 청보도 꼴찌를 도맡아 하는 팀이었다. 그런 팀을 응원한다는 게 상욱이는 잘 이해가 되지 않았다. 하지만 옥란이 누나는 대수롭지 않게 말했다.

"창피하긴, 세상에는 승자도 있고 패자도 있어. 패했다고 좌절하고 슬퍼할 이유는 없어. 내일 다시 도전해서 이기면 되니까."

정정당당하게 승부하겠다는 승준이의 얘기처럼 깊은 울림이 느껴지는 대답이었다. 둘의 대화를 듣던 어머니가 옥란이 누나에게 물었다.

"말을 참 조리 있게 잘하네. 고등학교는 어디 나왔어?"

살짝 당황한 옥란이 누나가 커피잔을 잡으며 대답했다.

"인천에 있는 여상 졸업했어요."

"부모님은 다 건강하시고?"

"네."

"외동딸이라며? 얼른 시집가야겠네."

"아직은 돈을 좀 더 벌어야 해요."

"공장은 어디? 우리 남편도 구로 공단에 있는데."

"김 사장님에게 얘기 들었어요. 제가 일하는 데는 수출의 다리 근처고요. 좀 떨어져 있어요."

커피를 한 모금 마신 어머니가 조심스럽게 물었다.

"구로 공단에서는 데모를 많이 한다던데?"

옆에서 듣던 상욱이는 옥란이 누나가 살짝 아랫입술을 깨문 걸 보았다. 하지만 곧 옥란이 누나는 아무렇지도 않다는 표정으로 웃으며 대답했다.

"월급 올려 달라고 시위하는 사람들이 좀 있어요."

"아이고, 왜들 그래! 공장이 돌아가야 월급을 주든지 말든지 할 거 아니냐고."

어머니의 푸념에 옥란이 누나는 여전히 미소를 잃지 않았다.

"그렇긴 한데요. 워낙 월급을 적게 주고 일을 많이 시켜서 사람들이 힘들어해요. 그나마 약속한 월급도 주지 않고 야반도주하는 공장주들도 많아서요. 사람 사는 데가 다 그렇긴 하지만요."

"우리 남편도 공장에 출근하니까 예전 사장이 임금을 올려 주겠다고 약속했다면서 다들 일을 안 하겠다고 했다지 뭐야. 내가 그렇게 신중하게 생각하자고 해도 서울 올라간다고 좋아하더니만."

"잘 타협하면 풀리지 않겠어요? 서로 조금씩 양보하는 걸로요."

"남편 고집도 워낙에 쇠심줄이라."

그 후로도 어머니는 이것저것 물었고, 옥란이 누나는 똘똘하게 대답했다. 커피를 다 마신 옥란이 누나가 내일 뵙겠다며 일어났다.

"내일 오후에 올게요. 외삼촌이 트럭을 가지고 있어서 거기에 짐을 싣고 오려고요."

"그래요. 내가 싹 청소해 놓을 테니까 걱정 말고 이사 와요. 잔금도 잊지 말고."

"네."

상욱이는 공손하게 인사를 하고 나가는 옥란이 누나를 배웅하러 현관문까지 나갔다. 어쩐지 상욱이네 식구가 사는 아래에 누군가 살아야 한다는 게 이상하기도 하고 미안하기도 했기 때문이다. 옥란이 누나는 현관문 바깥까지 따라 나온 상욱이의 머리를 쓰다듬어 줬다.

"참, 이름을 안 물어봤네."

"상욱이에요, 정상욱."

"그래, 내일 보자. 상욱아."

대문으로 나간 옥란이 누나는 다시 돌아서서 손을 흔들고는 아래로 내려갔다. 그리고 마치 선수 교체를 하듯 민정이가 씩씩하게 올라왔다. 양손에 〈요술 공주 밍키〉 종이 인형을 들고 온 민정이는 살짝 열린 대문을 어깨로 밀고 들어오면서 물었다.

"방금 우리 집에서 나간 언니 누구야?"

"내일 이사 올 사람."

"어떤 방 쓰는 건데? 내 방은 싫은데."

울상이 된 민정이에게 상욱이는 현관 아래 숨겨진 가파른 계단을 가리켰다.

"저기에 살 거야."

계단을 보고 놀란 민정이의 눈이 커졌다.

"저기에 집이 또 있었네."

"집이 아니라 연탄광이었대. 연탄 보관하는 곳."

얘기를 주고받는데 안에서 어머니가 부르는 소리가 들렸다. 고개를 돌리자 빗자루와 쓰레받기, 그리고 분홍색 플라스틱 바가지를 든 어머니가 팔에 고무장갑을 걸치며 나왔다.

"상욱아, 용돈 남았지?"

"네."

용돈은 홈런콘을 사 먹으면서 거의 바닥났지만 차마 말하지 못한 상욱이는 대충 얼버무렸다. 그러자 어머니가 말했다.

"저기 아래 전파상에 가서 알전구 하나 사 와라."

어머니의 심부름에 상욱이는 잽싸게 머리를 굴렸다.

"그 심부름은 민정이를 시키면 안 돼요? 저는 어머니 도와드리고 싶어요."

"그래라, 그럼."

졸지에 다시 집을 나가게 된 민정이는 짜증을 냈다. 하지만 어머니는 얼른 다녀오라고 말한 뒤 지하실로 내려갔다. 상욱이도 따라서 내려갔다. 어머니가 시키는 대로 알전구를 빼서 손에 들고 방으로 들어갔다. 어머니는 빗자루로 벽지에 묻은 먼지와 거미줄을 걷어 냈다. 상욱이는 바가지에 든 걸레로 하나밖에 없는 작은 창틀의 먼지를 닦았다. 그리고 창문을 열려고 했지만 걸쇠에 녹이 슬어서 꼼짝도 하지 않았다. 그걸 본 어머니가 혀를 찼다.

"이따가 윤활제를 좀 뿌려야겠네. 코딱지만 한 창문이 안 열리면 여기서 어떻게 숨을 쉬고 살겠어."

"어디 있어요? 제가 가져올까요?"

"좀 이따가. 벽에 먼지 닦아 냈으니까 걸레에 물 묻혀서 살살 닦아라. 그리고 바닥도 한 번 깨끗하게 닦고."

"네."

상욱이는 벽지가 뜯어지지 않게 살살 물걸레로 닦은 다음에 한 번 빨고 바닥을 닦았다. 바닥의 노란 장판도 먼지가 잔뜩 묻어 있어서 힘을 주고 빡빡 닦아야 겨우 깨끗해졌다. 한참 닦고 있는데 바깥에서 민정이의 목소리가 들렸다.

"알전구 사 왔어, 오빠."

밖으로 나간 상욱이가 비어 있는 소켓에 민정이가 사 온 알전구를 끼웠다. 그러자 불이 들어오면서 어두컴컴한 통로가 어느 정도 환해졌다. 불이 켜지자 민정이가 상욱이를 보면서 말했다.

"오빠 얼굴 엉망이야."

"청소하다가 묻었나 봐."

상욱이는 그렇게 말하고는 민정이의 볼에 손가락을 문질렀다. 민정이가 장난치지 말라고 소리를 쳤지만 화난 모습은 아니었다. 그런데 잠시 후 더 심하게 얼굴이 지저분하고 파마한 머리에 먼지가 잔뜩 앉은 어머니가 나오자 민정이는 크게 웃었다.

검은색 야구 배트

몇 시간 동안 쓸고 닦고 청소하자 지하실 방이 그럴 듯해졌다. 마지막에 화장실을 살펴본 어머니가 허리를 폈다.

"끝났으니까 올라가자."

어머니의 말에 상욱이도 따라 올라갔다. 삐걱거리는 알루미늄 문을 열고 밖으로 나오자 하늘이 어두컴컴했고, 아버지가 운전한 자동차가 도착하는 게 보였다.

"아빠다!"

민정이가 얼른 달려가서 대문을 열었다. 안으로 들어온 아버지는 민정이를 보고 껄껄 웃었다.

"이쁜 우리 공주님 얼굴이 왜 이렇게 된 거야?"

"지하실 청소했어요."

"지하실?"

아버지가 곧장 어머니를 바라봤다. 바가지에 든 구정물을 마당에 뿌린 어머니가 대답했다.

"김 사장이 지하실에서 살 젊은 여자애를 소개해 줬잖아요. 조건도 나쁘지 않고 혼자 산다고 해서 승낙했어요."

"알았어."

"오늘은 어땠어요?"

어머니의 물음에 아버지는 대뜸 얼굴부터 찡그렸다. 상욱이는 얌전하게 현관문을 열었다. 안으로 들어온 아버지는 점퍼를 벗어서 소파에 던지고는 털썩 주저앉았다. 민정이가 눈치 빠르게 부엌으로 가서 냉장고의 보리차를 유리잔에 담아 왔다. 단숨에 벌컥벌컥 마신 아버지가 천장을 올려다보며 한숨을 쉬었다.

"오늘은 좀 정신을 차리고 강하게 나갔지. 다 내보내고 새로 사람을 뽑을 거라고 말이야. 월급을 올려 주겠지만 사장한테 맞서는 직원들에게는 줄 생각이 없다고 했지."

"그랬더니요?"

"점심쯤 되니까 몇 명이 슬금슬금 잘못했다고 하더라고. 그래서 안 된다고 다 나가라고 했지. 퇴직금 얘기를 하길래, 그건 월급 올려 주겠다고 거짓말하고 사라진 예전 사장한테 받으라고 했어. 그랬더니 오후가 되니까 파업을 주도하던 직원들이 와서는 용서해 달라고 하더군. 이미 늦었다고 하니까, 자기들은 나갈 테니까 남은 직원들은 그냥 일을 하게 해 달라고 애원하더라고."

아버지는 그 시점에서 한숨을 쉬면서 덧붙였다.

"그래서 다 모아 놓고 각서를 받았지. 만약 파업을 또 하면 공장 문을 닫아 버리겠다고 말이야. 그랬더니 다들 울면서 쓰더라고."

"잘됐네요. 그런데 마음이 좀 안 좋네요."

어머니의 말에 아버지가 한숨을 푹 내쉬었다.

"나도 좋아서 그런 건 아니니까. 그런데 빨리 공장을 돌리지 못하면 길거리에 나앉을 수 있잖아. 여유가 생기면 조금이라도 올려 줘야지."

어머니와 아버지의 대화를 듣던 상욱이는 하루아침에 일자리를 잃을 뻔했던 얼굴도 모르는 형과 누나 들이 불쌍해졌다. 어머니에게 아버지가 말했다.

"오늘은 라면수제비 먹고 싶은데."

"아이, 해 드려야죠."

아버지는 어린 시절에 할머니가 해 주던 라면수제비를 특히 좋아했다. 상욱이와 민정이도 좋아하는 거라서 환호성을 질렀다. 어머니가 얼른 씻으라는 말에 둘은 욕실로 달려갔다. 세면대에 나란히 서서 비누로 얼굴을 씻은 상욱이는 민정이의 얼굴도 씻겨 줬다. 손과 발도 닦은 다음에 수건으로 닦고 나오자 어머니는 벌써 부엌에서 물을 올려놓고 밀가루 반죽을 하는 중이었다.

아버지는 소파에 그대로 앉아서 6시 뉴스를 보고 있었다. 뉴스에서는 4·13 호헌 조치에 반대하는 무분별한 시위가 이어져 내년에 열릴 서울 올림픽 대회에 지장이 있을지 모른다는 내용이 나왔다. 그걸 본 상욱이가 아버지에게 물었다.

"4·13 호헌 조치가 뭐예요?"

아버지가 머리를 살짝 긁으면서 설명해 주었다.

"그게 말이야. 개헌을 해서 다음 대통령 선거를 해야 하는데 여야가 합의를 보지 못했거든. 또 곧 올림픽이 개최될 예정이니 일단 다음 대통령은 지금 방식으로 뽑고, 내년으로 개헌 논의를 미룬다는 내용이야. 그러니까 불법 시위를 그만두고 생업에 종사하라는 뜻이지."

상욱이는 이해가 잘 되지 않았지만 일단 알겠다고 하고 넘어갔다. 그런데 아버지가 벗어 놓은 점퍼에 코를 댄 민정이가 이상한 냄새가 난다며 갑자기 비명을 지르며 쓰러졌다. 놀란 상욱이가 엎드려서 울고 있는 민정이에게 다가갔다.

"왜 그래?"

"눈이 따가워, 오빠."

민정이가 눈을 계속 비비면서 울먹거렸다. 민정이의 비명 소리를 듣고 놀란 어머니가 국자를 든 채 부엌에서 뛰쳐나왔다.

"무슨 일이야?"

다들 난리를 치는 가운데 아버지가 겸연쩍은 표정으로 점퍼를 집었다.

"공단에서 데모를 하는데 경찰들이 최루탄을 계속 쏴 대서 냄새가 배었나 봐."

"아니, 좀 털고 오든가 해야지, 뭐예요!"

어머니의 잔소리에 아버지는 미안하다며 점퍼를 들고 마당으로 나갔다. 그걸 보고 혀를 찬 어머니가 상욱이에게 말했다.

"민정이 세수 좀 시켜라."

"네."

상욱이는 울고 있는 민정이의 손을 잡고 욕실로 가서 대야에 물을 받았다. 그리고 승준이에게 배운 대로 얼굴을 닦아 주었다. 어느 정도 시간이 지나자 괜찮아진 민정이가 물었다.

"내 얼굴 괜찮아? 내일 학교 가서 친구들이 놀리면 안 되는데."

사실 눈도 빨갛고 눈두덩이도 부었지만 차마 사실대로 말하지 못한 상욱이는 괜찮다고 대답했다. 다행히 민정이는 그대로 믿는 눈치였다.

민정이를 씻기고 나오자 아버지도 마침 점퍼를 다 털고 들어왔다. 어머니가 부엌에서 라면수제비 다 되었다고 얼른 오라고 소리쳤다. 상욱이는 민정이와 함께 들어갔다. 의자에 앉은 아버지가 상욱이에게 말했다.

"우리 아들 어른이 다 됐네. 동생도 챙겨 주고."

어머니가 뜨거운 냄비 손잡이를 옷소매 끝으로 움켜쥐고 식탁에 올려놓으며 대꾸했다.

"그럼요. 오늘도 지하실 청소하는 걸 도와줬다고요."

"아이고, 잘했다. 잘했어."

어머니가 국자로 라면수제비를 아버지의 그릇에 퍼 주는 것을 시작으로 상욱이와 민정이 앞에 있는 그릇에도 퍼 주었다. 라면과 수제비뿐만 아니라 계란과 버섯까지 들어 있어서 푸짐했다. 아버지의 칭찬에 용기를 낸 상욱이가 조심스럽게 말했다.

"아버지, 저 배트 하나 사 주세요. 야구 배트요."

보통 뭘 사 달라고 하면 비싸다거나 돈이 없다는 얘기부터 했지만 이번에는 다른 반응이 나왔다. 젓가락으로 라면의 면발을 들어

올리던 아버지가 말했다.

"왜?"

"친구들이랑 야구하려고요."

"친구? 벌써 친구를 사귄 거야?"

"네, 야구 좋아하는 애들이랑 친해졌어요."

숟가락으로 국물을 한 모금 마신 어머니가 끼어들었다.

"걔들은 배트가 없대?"

상욱이는 말문이 막혔지만 면발을 후루룩 먹은 아버지가 대신 말해 주었다.

"앞으로 잘 지내려면 그 정도는 해 줘야지."

"고맙습니다, 아버지."

상욱이가 신이 나서 두 손을 치켜들고 기뻐하는 걸 본 아버지가 기특하다며 웃었고, 어머니도 따라서 웃었다. 그 와중에 민정이는 라면수제비를 열심히 후후 불어 가면서 먹었다. 곧 야구 배트가 생긴다는 사실에 상욱이는 이미 배가 부른 것처럼 느꼈다.

화끈한 성격을 자랑하는 아버지는 식사를 마치고 학교 앞 문방구로 향했다. 문방구 주인이 아버지에게 구석에 있는 야구 배트들을 보여 주었다. 아버지가 골라 보라고 말하자 상욱이는 검은색 배트를 골랐다.

가격을 두고 잠시 실랑이가 이어졌지만 결국 적당한 타협점을 찾으면서 아버지가 지갑에서 천 원짜리 몇 장을 건넸다. 게다가 아버지의 뛰어난 협상력으로 짬뽕공도 하나 받아 왔다. 짬뽕공과 야구배트를 양손에 쥔 상욱이는 집으로 돌아와서 그대로 그것들을 끌어안고 잠을 잤다.

구로 공단 노동자들은 왜 시위를 했을까?

1960년대, 정부는 우리나라의 경제 성장을 위해 공장을 세우고 물건을 만들어 수출하기로 계획했어요. 1965년 3월 12일, 서울 구로동에서 수출 산업 공업 단지를 만드는 공사가 시작되었어요. 공장이 지어지며 구로 공단(공업 단지)은 점점 확장되었고, 수많은 업체가 생겼어요. 대부분 옷이나 가발, 신발같이 노동력이 많이 필요한 공장이었기 때문에 노동자도 늘어났지요. 그중 수가 가장 많았던 십대 중후반 여성 노동자는 '여공', '공순이'로 불리며 구로 공단의 상징이 되었어요.

구로 공단의 수출 금액은 늘어났지만 노동자들은 오랜 시간 일한 것에 비해 적은 임금을 받았어요. 공장 환경이 좋지 않아서 건강도 나빠졌지요. 게다가 지방에서 올라온 노동자가 살 집도 부족했고, 임금이 적어 생활비를 대기도 어려웠어요. 그래서 노동자들은 여럿이 쪽방에 모여 함께 살았고, 좁은 쪽방이 다닥다닥 붙은 동네는 '벌집촌'이라고 불렀어요.

1970년, 봉제 공장에서 일하던 전태일이 노동 환경 개선을 요구하며 목숨을 내놓았지만 시간이 흘러도 노동자의 처우는 나아지지 않았어요. 결국 1985년 6월 24일, 구로 동맹 파업이 일어났어요. 노동자들은 자신들의 소속에 상관없이 모두 함께 노동 운동을 하며 임금 인상, 노동 환경 개선을 외쳤을 뿐만 아니라 민주화 운동에까지 관심을 두게 되었지요.

구로 공단은 현재 디지털 산업 단지로 바뀌어 그때의 흔적이 거의 사라졌어요. 하지만 구로 공단에서 일했던 노동자들의 현실은 소설 《난장이가 쏘아올린 작은 공》과 노래 〈사계〉 등 다양한 작품에 남아 오래도록 기억되고 있어요.

왼쪽-구로 공단 봉제 공장 : 구로 공단에서 일하는 노동자들 중에는 나이 어린 여공들이 많았어요.
오른쪽-구로 디지털 산업 단지 : 현재 구로 공단은 우리나라 IT 산업을 이끄는 첨단 디지털 단지가 되었어요.

깊어지는 우정

다음 날, 상욱이는 검은색 야구 배트와 공을 몇 번이나 쳐다보다가 집을 나와 학교로 갔다. 상욱이는 교실로 들어가자마자 문철이와 어제 야구 얘기를 했다. 그리고 슬쩍 운을 띄웠다.

"오늘 끝나고 야구장에서 야구할래?"

"배트도 없잖아."

"짬뽕이라도 하자. 응?"

상욱이가 계속 조르자 문철이는 점심시간에 얘기하자며 넘어갔다. 그런데 뒤늦게 들어온 지형이의 눈이 어제 민정이의 눈처럼 빨갛게 부어 있었다. 그걸 본 상욱이가 걱정하자 문철이가 갑자기 속삭이듯 말했다.

"쟤 구로 공단에 살거든. 거기 요즘 계속 시위해서 최루탄이 장난 아닐 거야."

"우리가 어제 맡은 거?"

"맞아. 거긴 진짜 심할 거야."

상욱이가 지형이에게 다가가 괜찮냐고 물었다. 지형이는 괜찮다고 웃으며 대답하더니 불쑥 물었다.

"너도 개봉동 공포의 외인구단에 들어갔니?"

"응. 어떻게 알았어?"

"오늘 학교 오는데 혁진이 오빠가 얘기하더라. 이상한 번트를 댔다며?"

"그렇게 말해? 이상한 번트가 아니라 김재박의 개구리 번트라고, 개구리 번트."

흥분한 상욱이는 개구리 번트를 흉내 내며 붕 날아올랐다가 책상 모서리에 걸려서 넘어지고 말았다. 교실이 웃음바다가 된 와중에 하필이면 그때 앞문을 열고 담임 선생님이 들어왔다. 담임 선생님은 아픈 무릎을 어루만지며 일어나는 상욱이를 보고 혀를 찼다.

"전학 온 지 일주일도 안 된 애가 벌써 난리네, 난리야. 어서 안 들어가!"

상욱이는 죄송하다고 말하고 자리로 돌아왔다. 그 모습을 본 문철이는 손으로 입을 가린 채 숨죽여 웃었다. 담임 선생님은 여름이 되니까 배탈 나지 않게 불량 식품은 피하고, 잘 씻고 양치질도 잊지 말라는 훈화*를 남기고 조회를 끝냈다. 반장의 구령에 맞춰 인사를 한 상욱이는 벌써부터 배트를 휘두르는 상상을 했다.

상욱이는 점심시간에 옹벽에 모인 멤버들에게 배트가 생겼다는 말은 하지 않고 야구를 하자고 했다. 다행히 승준이가 짬뽕이라도 하자는 얘기를 하면서 수업 끝나고 다들 모이기로 했다.

드디어 학교 수업이 모두 끝나고 상욱이는 잠깐 집에 다녀오겠다고 한 뒤에 지름길로 쏜살같이 달려갔다. 그리고 방에 있는 배트를 챙겨서 냉큼 나왔다. 욕실에서 빨래를 하던 어머니가 숨 좀 쉬고 나가라고 했지만 상욱이에게는 들리지 않았다.

놀이터 옆 야구장에 모인 아이들은 상욱이가 배트를 들고 오자 깜짝 놀랐다. 문철이가 다가와서 만져 보고는 놀란 표정을 지었다.

"와, 이거 진짜 야구 배트네."

다들 몰려와서 배트를 만지고 난리도 아니었다. 문철이는 배트를 휘둘렀다. 아이들의 흥분이 가라앉자 승준이가 상욱이에게 물었다.

❋ 훈화(訓話) : 사람이 바르게 자라는 데 필요한 교훈이 담겨 있는 말

"이거 네 거야?"

"아버지가 사 줬어. 이제 우리끼리 이걸로 야구하면서 놀자."

"정말? 잘됐다! 이제 우리 배트로 야구해 보자. 상욱아, 오늘은 네가 첫 타석에 서라."

여섯 명이 모여서 할 때는 역할이 또 바뀌었다. 투수와 포수, 그리고 포수 뒤는 그대로였다. 나머지 세 명이 1루부터 3루까지 한 명씩 섰다. 마운드에 선 승준이가 큰 소리로 말했다.

"여기선 그냥 치고 다음 타자로 바꾸는 거야. 괜찮지?"

"좋아."

상욱이는 윤동균 선수처럼 공을 치는 흉내를 내며 타석에 들어섰다. 포수를 보는 문철이가 "파이팅!"이라고 크게 외쳤다. 승준이는 살살 공을 던졌고, 상욱이는 자신 있게 야구 배트를 휘둘렀다. 배트에 맞은 테니스공은 총알같이 날아가서 옹벽 위를 살짝 넘어갔다. 문철이가 벌떡 일어나며 외쳤다.

"홈런이다, 홈런!"

다들 몰려와서 축하한다며 상욱이의 등짝을 장난스럽게 두드렸다. 아프기는 했지만 홈런을 쳤다는 기쁨에 상욱이는 아무렇지도 않았다. 다들 돌아가면서 한 번씩 배트를 잡고 공을 쳤는데 승준이가 살살 던져서 모두 안타나 홈런을 쳤다. 신이 난 개봉동 공포의 외인구단 멤버들은 놀이터의 벤치에 앉아서 야구 얘기를 했다. 창섭이가 누가 올해 프로 야구 타격왕이 될 것 같냐고 묻자 아이들이 각자 좋아하는 선수들의 이름을 댔다.

나중에는 어느 팀이 우승할지에 대한 얘기로까지 이어졌다. 전기 리그가 진행 중이었는데 삼성과 OB 베어스의 성적이 좋았지만 한국 시리즈 우승은 해태가 할 것 같다는 결론에 도달했다. 해가 어둑해지는지도 모르고 얘기를 나누던 아이들은 내일 만나자는 말을 남기고 헤어지려고 했다. 그때 승준이가 멤버들에게 말했다.

"우리 다 같이 가서 상욱이 부모님에게 고맙다고 인사하자. 덕분에 야구를 재미있게 할 수 있게 되었잖아."

다들 고개를 끄덕였다. 상욱이는 친구들과 함께 집으로 향했다. 그런데 집에 도착하자 대문 앞에 트럭이 서 있는 게 보였다.

"뭐지?"

그러다가 상욱이는 어제 옥란이 누나가 한 얘기를 떠올리고는 이삿짐이 온 것을 알아차렸다. 잠시 후 트럭은 매연을 뿜어내며 떠났고, 대문 앞에는 난감한 표정의 옥란이 누나와 크고 작은 짐 꾸러미들이 보였다. 옆에는 어머니가 팔짱을 끼고 서 있었다. 우르르 달려간 친구들이 인사를 하자 어머니의 표정이 그나마 풀어졌다.

"우리 상욱이랑 야구하는 친구들이구나. 상욱이한테 얘기 들었다."

문 앞에 쌓인 짐을 본 승준이가 어머니에게 물었다.

"그런데 누가 또 이사 와요?"

어머니는 옆에 서 있는 옥란이 누나를 바라보며 대답했다.

"이 누나 짐이야. 그런데 바쁘다고 짐을 던져 놓고 가 버렸네."

사연을 들은 승준이가 아이들에게 말했다.

"우리가 이삿짐 날라다 주자. 어때?"

"그러자."

"내가 이거 들게."

아이들이 함께 짐을 하나씩 챙겨들고 안으로 들어갔다. 그걸 본 어머니는 재미있다는 표정을 지었고, 옥란이 누나는 미안해하면서도 고마워하는 눈치였다. 상욱이도 야구 배트를 어머니에게 건네주고 라면 상자를 들었다. 그런데 생각보다 무거워서 깜짝 놀랐다.

"누나, 이 안에 뭐가 들어 있어요?"

"미안, 책이야."

책이라는 대답에 어머니가 쳐다보자 옥란이 누나가 살짝 부끄러워하며 대답했다.

"사실은 공부를 해서 야간 대학이라도 가 보려고요."

"아이고, 장한 아가씨네."

"무슨 말씀을요."

상욱이는 두 손으로 낑낑거리며 책이 든 라면 상자를 들고 지하실로 향했다. 아이들이 입구부터 나란히 서서 짐을 옮겨 주었다. 계단 입구에 서 있는 문철이에게 라면 상자를 건넨 상욱이가 말했다.

"책이라서 무거워."

"알았어."

문철이가 두 손으로 라면 상자를 받고 안쪽에 있는 지관이에게 건넸다. 옥란이 누나와 어머니가 천으로 만든 접이식 옷장을 들고 오면서 짐 나르기가 대략 마무리되었다. 어머니가 손바닥에 묻은 먼지를 탁탁 털면서 말했다.

"애들아, 수고 많았다. 다들 시원한 오렌지 주스 마시고 가라."

"고맙습니다."

어머니는 옥란이 누나에게도 같이 가자는 말을 했지만 옥란이 누나는 짐 정리를 먼저 하겠다고 했다. 아이들은 집 안으로 들어갔고 거실을 보면서 눈이 휘둥그레졌다. 특히 문철이가 크게 외쳤다.

"와! 우리 집보다 거실이 더 넓네."

아이들이 왁자지껄하게 떠들자 어머니는 기분이 좋아졌는지 냉장고에서 오렌지 주스를 꺼내고 찬장에서 둥근 통에 든 버터 쿠키도 꺼냈다. 그리고 작은 접시에 버터 쿠키를 몇 개 담아서 상욱이에게 건넸다.

"이거, 지하실에 좀 갖다 줘라."

"네."

버터 쿠키를 하나 입에 문 상욱이는 현관으로 나가서 지하실로 들어갔다. 알전구를 켜 놔서 통로는 그다지 어두컴컴하지 않았다. 안쪽 문이 열려 있어서 상욱이는 무심코 들어갔다.

인기척이 느껴지자 방 안에 있던 옥란이 누나가 허둥지둥했다. 창가에 좌식 책상을 가져다 놓고 책을 정리하는 중인 것 같았는데 뭔가 어색했다. 상욱이를 본 옥란이 누나가 안도의 한숨을 쉬었다.

"사, 상욱이구나."

"네, 어머니가 쿠키 좀 가져다주라고 하셨어요."

"그래, 잠깐만."

옥란이 누나가 황급히 몸으로 책상을 가렸다. 그리고 쿠키가 담긴 접시를 손으로 받았는데 그 바람에 옆구리에 끼고 있던 작은 책이 바닥에 떨어졌다. 검은색 표지에는 목판화가 그려져 있었고, 그 옆에는 큼지막하게 저자와 제목이 적혀 있었다.

"박노해 시집, 노동의 새벽?"

그 옆에는 금서*라는 한문이 크게 찍혀 있었다. 상욱이의 시선을 눈치챈 옥란이 누나가 갑자기 손을 덥썩 잡았다.

"상욱아! 누나가 이 책을 가지고 있는 건 비밀이야. 어머니한테도 얘기하면 안 돼. 알았지?"

누나의 간곡하면서도 절박한 부탁에 상욱이는 알겠다고 대답하면서 물었다.

"그런데 이 책을 왜 읽는 거예요?"

상욱이의 물음에 옥란이 누나는 책을 펼치면서 말했다.

"사람에게는 주어진 권리가 있어. 이유 없이 체포당하지 않아야 하고, 일한 만큼 대가를 받아야 해. 그런데 지금 세상은 그렇지 않잖아. 그래서 싸우는 거야."

무슨 말인지 이해는 되지 않았지만 옥란이 누나의 눈빛을 보면 거짓말을 하거나 간첩 같지는 않아 보였다. 집으로 돌아온 상욱이는 친구들과 프로 야구 얘기를 했지만 옥란이 누나가 한 말이 마음 한구석에 남아 있었다.

❋ 금서(禁書) : 출판이나 판매 또는 독서를 법적으로 금지한 책

지옥 훈련

어느덧 시간이 흘러 대전을 떠나기 싫어서 울며 버티던 상욱이는 새로운 친구들과 야구를 하며 즐겁게 보냈다. 프로 야구는 삼성과 OB 베어스가 선두를 놓고 다툼을 벌이고 있었고, 해태는 롯데 자이언츠, 그리고 MBC 청룡과 중위권을 형성했다. OB 베어스가 떠난 대전에 둥지를 튼 빙그레 이글스는 작년보다는 힘을 내면서 삼미 슈퍼스타즈를 인수한 청보 핀토스를 꼴찌로 밀어냈다.

그날도 다른 때와 다름없이 학교가 끝나고 놀이터 옆 야구장에 모인 아이들은 경기를 하기 전에 잠깐 벤치에 앉아서 수다를 떨었다. 리더 격인 승준이가 아직 오지 않았기 때문이다.

한참 아이들끼리 떠들고 있는데 놀이터 아래쪽에서 승준이가 올라오는 게 보였다. 다들 반갑게 맞이하려다가 움찔했다. 평소와는 달리 어둡고 화난 표정 때문이었다. 다들 눈치를 보는데 상욱이가 먼저 조심스럽게 물었다.

"무슨 일이야? 선생님한테 혼났어?"

고개를 저은 승준이가 벤치에 발길질을 했다.

"혁진이 형이 지형이를 계속 괴롭혀."

"왜?"

"좋아한다고 쫓아다녔는데 지형이가 싫다고 하니까 괴롭히는 거지. 아까 보니까 지형이는 학교 놀이터에서 울더라."

대놓고 말하지는 않았지만 승준이는 지형이를 좋아하는 눈치였다. 그런데 6학년 혁진이 형이 지형이를 괴롭힌다고 하자 몹시 화가 난 것 같았다. 아이들은 다들 승준이 주변에 모여서 해결책을 제시했다. 창섭이가 먼저 말했다.

"콩알탄* 많이 사서 확 던져 버릴까? 놀라게 말이야."

창섭이가 콩알탄을 던지는 시늉을 하며 말하자 지관이가 벤치에서 일어나며 고개를 저었다.

"그러다 다치기라도 하면 어쩌려고. 차라리 내기를 해, 내기."

✲ **콩알탄** : 콩알만 하게 뭉쳐졌다는 뜻에서 붙여진 이름으로, 화약에 톱밥이나 모래 등을 작게 뭉쳐 종이 주머니로 감싸서 만든 장난감

"무슨 내기?"

승준이의 물음에 지관이가 한쪽 다리를 들어서 닭싸움 자세를 취했다.

"이걸로 결판을 내."

반응이 시원찮자 지관이가 한마디 더 했다.

"아니면 기마전으로 하든가."

이번에도 싸늘한 반응을 얻은 지관이는 입을 다물고 벤치에 앉았다. 무겁고 막막한 침묵이 이어지는 가운데 상욱이가 잠깐 생각하다가 승준이를 바라봤다.

"야구 경기로 결판내자고 하면 어때?"

"야구로?"

승준이가 놀란 얼굴로 묻자 상욱이가 놀이터 옆 야구장을 바라보며 말했다.

"지난번에 중단한 야구 경기 말이야. 정정당당하게 하면 우리가 이길 수 있을 거 같아."

"말도 안 되는 억지를 부리면?"

"그때는 배트가 없어서 들어줘야 했지만 지금은 아니잖아."

벤치에 기대 놓은 야구 배트를 힐끔 본 상욱이가 덧붙였다.

"억지를 부리면 반칙패라고 하면 되지 않을까?"

상욱이의 얘기를 들은 승준이는 팔짱을 낀 채 생각에 잠겼다가 입을 열었다.

"언제 할까?"

승준이의 대답을 들은 창섭이가 나섰다.

"다음 주에 바로 하지 뭐. 그 형들은 우기기나 하지 실력은 형편없잖아."

하지만 문철이가 고개를 저으며 반대했다.

"안 돼. 우리도 연습을 좀 해야지."

문철이의 얘기를 들은 승준이가 상욱이에게 물었다.

"그럼 언제가 좋을까?"

상욱이도 문철이처럼 연습이 좀 필요하다고 생각했기 때문에 고민하다가 말했다.

"6월 28일 어때?"

"무슨 요일이지?"

"일요일. 2시에 하면 딱일 거 같아."

"알겠어. 그때까지 연습하면서 준비하면 되겠네."

"경기할 때까지 지형이는 괴롭히지 말라고 해."

"들어줄까?"

승준이의 물음에 상욱이는 벤치에 기대 놓은 배트를 바라봤다.

"만약 우리가 지면 저 배트를 주겠다고 해. 그 형이 가지고 있는 것보다 훨씬 좋은 배트잖아."

상욱이의 얘기를 들은 승준이가 고개를 저었다.

"네 배트를 왜?"

"안 그러면 경기 안 한다고 할 수도 있잖아."

"너 야구 좋아하잖아. 괜찮겠어?"

승준이의 물음에 상욱이는 고민에 빠졌다. 사실 상욱이도 아쉽기는 했다. 하지만 친구를 위해서라면 기꺼이 모험을 하기로 했다. 결심을 굳힌 상욱이가 대답했다.

"난 괜찮아."

상욱이를 빤히 바라보던 승준이가 고개를 끄덕거렸다.

"알았어."

야구 얘기가 마무리되자 문철이가 화제를 돌렸다.

"어제 시위하던 연세대 학생이 최루탄에 맞아서 혼수 상태에 빠졌다고 신문에 대문짝만하게 났잖아. 이름이 뭐라고 했더라?"

아침에 아버지가 읽던 신문에서 같은 뉴스를 보고 이름을 물어봤던 상욱이가 얼른 대답했다.

"이한열이었어. 오늘 명동이랑 시청 앞에서 크게 시위를 한다고 했어."

상욱이의 얘기를 들은 지관이가 겁이 난 표정으로 말했다.

"나라가 진짜 망하는 거 아니야? 이러다 북한이 쳐들어오기라도 하면 야구도 못 보잖아."

다들 전쟁 나면 야구가 문제냐고 하는 와중에 유섭이도 오늘 아빠 회사에서 조기 퇴근하라는 지시가 내려왔었다고 끼어들었다.

내일 학교에서 다시 얘기하자는 승준이의 말을 끝으로 그날의 모임은 마무리되었다. 유섭이는 창섭이에게《외계에서 온 우뢰매 대백과》와 만화 잡지인《보물섬》을 바꿔서 보자고 했고, 문철이와 지관이는 딱지치기를 하러 학교로 갔다.

친구들과 헤어진 상욱이는 배트를 어깨에 걸치고 언덕길을 올라갔다. 어둑해지는 길에 옥란이 누나가 보였다. 반가워서 인사를 하려는데 누군가와 전봇대 근처에서 심각한 표정으로 얘기를 나누는 중이었다.

'남자 친구인가?'

상욱이는 호기심이 생겨 주차된 자동차 뒤에 숨어서 지켜봤다. 하지만 풋풋하다기보다는 심각한 분위기였다. 얘기를 나누는 와중에도 계속 두 사람은 주변을 살펴봤다. 짧은 만남이 끝나고 뿔테 안경을 쓴 남자는 골목길로 사라졌다. 그리고 옥란이 누나는 천천히 걸어서 집으로 향했다. 아는 척을 할까 하던 상욱이는 쑥스러워서

그만두고 일부러 발걸음을 늦췄다. 다행히 창문을 열어 놓은 어느 집에서 함성 소리와 야구 해설가의 목소리가 들렸다. 잠시 귀를 기울인 상욱이는 다시 발걸음을 옮겼다. 뒤늦게 켜진 가로등 주변으로 벌레들이 모여드는 게 보였다.

상욱이가 집에 돌아오고 얼마 뒤 아버지가 돌아왔다. 초기의 위기를 넘긴 이후에 공장은 밀려드는 일감에 정신이 없어서 아버지는 밤을 새우거나 새벽 일찍 나갔다. 그런데 오늘은 생각보다 일찍 돌아와서 어머니가 다소 놀란 표정으로 거실 소파에 앉은 아버지를 쳐다봤다.

"오늘은 일이 없어요?"

"오늘이랑 내일 데모가 많다고 공장 문을 일찍 닫으래."

"시위가 크게 일어난 모양이네요."

"거, 힘들게 땅 팔고 소 팔아서 대학교에 보내 놨으면 공부를 해야지 맨날 데모나 하고 말이야. 나한테 그렇게 해 줬어 봐. 진짜 열심히 공부한다."

흥분한 아버지를 본 어머니가 점퍼를 접으면서 다독거렸다.

"요즘 젊은 사람들은 똑똑하니까 다 생각이 있겠죠. 거기다 올 초였나. 그 서울대학교 학생 한 명이 죽었잖아요. 부모 마음이 얼마나 아팠겠어요."

어머니의 말에 아버지의 표정이 누그러졌다.

"박종철일 거야. 정말 안타까운 일이지."

"나랏일은 그만 신경 쓰고 이참에 좀 쉬세요. 이러다가 당신 쓰러져요."

"내가 왜 쓰러져. 아직 이팔청춘이라고."

소파에서 일어난 아버지가 뽀빠이 이상용처럼 두 팔의 근육을 자랑했다. 상욱이는 어릴 때라면 당장 달려들어서 아버지의 팔에 매달렸겠지만 지금은 가만히 지켜보기만 했다. 아버지의 팔뚝 근육 자랑이 멈추자 어머니가 옆에 앉아서 말했다.

"당신 공장에 성실하고 착한 청년 없어요?"

"왜?"

"지하실에 사는 옥란이를 소개시켜 주려고요. 착실하고 얌전해서 딱 맏며느리감이잖아요."

"에이, 너무 약해 빠졌던데? 그런 몸으로 어떻게 공장 일을 하나 몰라."

"그러지 말고 생각 좀 해 봐요."

"알았어. 찾아볼게."

부모님의 대화를 듣던 상욱이는 조금 전 옥란이 누나가 누군가

만나는 걸 본 기억을 떠올렸다. 끼어들고 싶었지만 나서지 말라는 핀잔만 들을 것 같아서 입을 다물었다.

잠시 후, 민정이가 현관문을 열고 들어오면서 소파에 있는 아버지에게 달려와 와락 안겼다.

"우아! 아빠다."

민정이를 끌어안고 수염 난 볼을 부비적거리던 아버지가 말했다.

"오랜만에 일찍 들어왔으니까 저녁에 짜장면 먹을까?"

"또 무슨 짜장면이에요. 밥이랑 국 할게요."

어머니는 안 된다고 말했지만 민정이가 탕수육이 먹고 싶다고 하자 결국 지고 말았다. 중국집 전화번호를 찾으러 어머니가 부엌으로 들어가자 민정이는 탕수육도 꼭 시켜 달라며 쫓아갔다. 상욱이는 다른 때 같았으면 같이 쫓아가서 탕수육 먹고 싶다고 했겠지만 이미 머릿속은 6월 28일에 벌어질 6학년 형들과의 야구 경기에 대한 생각들로 가득했다.

다음 날, 승준이가 혁진이 형을 만났고 6월 28일 오후 2시에 놀이터 옆 야구장에서 경기를 하기로 했다고 전했다. 개봉동 공포의 외인구단 팀이 이기면 더 이상 지형이를 괴롭히지 않겠다고 했고, 반대로 지면 상욱이의 검은색 야구 배트를 주기로 했다고도 전했다. 학교가 끝나고 놀이터에서 만난 아이들에게 승준이가 말했다.

"이제부터 지옥 훈련이야."

"그거 공포의 외인구단에 나오는 훈련이잖아."

문철이가 사색이 된 채 물었다. 승준이는 고개를 끄덕이며 대답했다.

"일단 체력을 길러야 하니까 학교에서부터 놀이터까지 왕복 달리기를 한다."

다들 어리둥절해하는 가운데 승준이부터 뛰기 시작했다. 그걸 본 상욱이도 따라서 뛰었고, 나머지는 같이 가자는 말과 함께 달렸다. 하교하던 학생들이 우르르 달리는 개봉동 공포의 외인구단 멤버들을 보고 신기한 듯 웃어 댔다. 학교까지 냅다 뛰고 온 다음에는 국민 체조를 했다. 문철이가 시뻘게진 얼굴로 체육 시간보다 더 힘들다고 투덜거렸다. 그다음은 펑고(Fungo)였다. 펑고가 뭐냐는 창섭이의 물음에 승준이가 대답했다.

"코치가 배트로 공을 치면 수비수가 받는 훈련이야."

그러면서 시범을 보여 줬다. 승준이가 툭 친 공은 야구장 바닥에 튀어서 애매하게 올라갔다. 첫 번째 대상이 된 상욱이는 앞으로 달려 나갔다가 떨어진 공이 예상과는 다르게 날아가자 놓치고 말았다. 아래로 굴러간 공을 집은 승준이가 아이들에게 말했다.

"여긴 내리막길이라 바닥에 공이 튀면 어디로 날아갈지 몰라. 지금까지는 길게 경기한 적이 없었지만 이번에는 6회까지 꽉 채워서 할 거니까 변수가 많을 거라고. 지면 상욱이 배트를 빼앗기고 말 거야. 우리는 최선을 다해야 해."

승준이의 말에 다들 기운을 내자며 서로의 손을 잡고 승리를 다짐하는 파이팅을 외쳤다. 펑고를 하면서 수비 연습을 한 다음에는 놀이터에서 배트를 휘두르는 훈련을 했다. 아주 작은 돌을 옆에서 던져 주면 맞추는 방식이었는데 처음에는 허공만 쳤지만 며칠 지나니 제법 돌을 맞추게 되었다. 상욱이는 벤치에 앉아서 문철이가 작은 돌을 연거푸 배트에 맞추는 걸 보고 감탄했다.

"야! 우리 이러다 진짜 공포의 외인구단 되겠다."

그렇게 경기 전날인 토요일까지 오전 수업을 마치고 열심히 연습했다. 소식을 들었는지 지형이가 찾아와서 응원해 주고 훈련을 도와주었다. 지형이 친구들까지 도와준다고 나서자 아이들은 더욱더 힘을 내서 훈련을 했다.

해가 떨어질 무렵까지 열심히 연습한 친구들은 모여서 마지막으로 파이팅을 하고 흩어졌다. 내일 보자는 말을 하고 손을 흔들면서 집으로 돌아온 상욱이는 어머니가 만들어 준 비빔밥을 먹어 치우고는 일찌감치 잠자리에 들었다.

마지막 승부

 상욱이가 눈을 뜬 것은 따가운 햇살 때문이었다. 반쯤 열어 놓은 커튼으로 햇살이 뚫고 들어왔던 것이다. 처음에는 일요일인 줄 몰라 지각했다고 놀랐다가 어제가 토요일인 걸 떠올리고는 가슴을 쓸어내렸다. 그러고는 고개를 갸웃거렸다.
 '어머니가 왜 안 깨워 준 거지?'
 어머니는 일요일이어도 늦잠을 허용하는 법이 없었다. 대청소를 하거나 목욕을 다녀오라고 하면서 일찍 깨웠다. 그런데 해가 이렇게 높이 떴는데 깨우지 않았다는 건 너무 이상했다. 뒷머리를 긁적거리며 일 층으로 내려오던 상욱이는 예상 밖의 풍경에 계단 중간에서 멈췄다.

"어머니?"

거실에는 어머니와 아버지가 나란히 앉아 있었고, 맞은편에는 난생처음 보는 두 아저씨가 있었다. 그런데 두 아저씨에게 부모님이 혼나는 것 같은 분위기였다. 거기다 거실 바닥에는 책들이 어지럽게 널려 있었다. 어머니가 계단 중간에 있는 상욱이에게 서둘러 말했다.

"얼른 방에 들어가 있어."

그러자 맞은편에 앉은 낯선 두 사람 중 한 명이 굵직한 목소리로 말했다.

"아니, 쟤도 알아야죠."

어머니가 아무 소리 못하고 수긍하는 걸 보고 상욱이는 더 혼란스러웠다. 주춤거리는 상욱이에게 어머니와 얘기를 나눈 남자가 말했다.

"너도 여기로 와라."

"네."

계단을 내려간 상욱이가 어머니와 아버지 옆에 앉았다. 그러자 남자가 지갑에서 신분증을 꺼내서 보여 줬다.

"나는 대공* 수사 담당 차영관 형사고, 이쪽은 내 동료 이필섭이다. 우리가 여기 왜 왔는지 아니?"

주눅이 든 상욱이가 고개를 좌우로 젓자 차영관 형사가 지갑에서 작은 증명사진을 꺼내 내밀었다.

"이 사람 누군지 아니?"

사진의 주인공은 옥란이 누나였다.

"알아요. 옥란이 누나요."

"이 사람은 김옥란이 아니야. 김미란이지."

"네?"

증명사진을 도로 지갑에 넣은 차영관 형사가 혀를 가볍게 찼다.

"연세대학교 3학년이야."

"여상 졸업하고 공장에서 일한다고 했는데요."

"노동자들을 부추겨서 시위를 일으킬 목적으로 위장 취업을 한 거야. 가짜 신분증으로 신분을 속여서 말이다."

충격을 받은 상욱이는 거실 바닥에 널려 있는 책들 중에 한 권이 옥란이 누나가 숨기려 했던 《노동의 새벽》이라는 것을 알아보고 숨을 죽였다.

차영관 형사가 지갑을 점퍼 주머니에 넣으며 부모님을 바라봤다. 아버지는 겁에 질려서 얼어붙었고, 어머니가 그나마 정신을 차리고

❖ **대공(對共)** : 공산주의나 공산주의자를 상대함.

얘기했다.

"우리는 정말 몰랐어요. 지난달에 대전에서 서울로 이사 왔는데 김 사장이라는 사람이 자기가 아는 사람이라며 데리고 와서 그냥 세를 준 것밖에는 없어요. 우리는 말 한마디 나눈 적도 없고, 아무것도 몰라요."

어머니의 얘기를 들은 차영관 형사가 쓴웃음을 지었다.

"그건 조사를 좀 해 봐야 할 것 같고요. 일단 그 사람은 어디 갔습니까?"

"모르죠. 진짜로 억울합니다."

그렇게 말한 어머니는 아버지를 흘겨봤다. 식은땀을 흘린 아버지가 겨우 입을 열었다.

"저도 그냥 김 사장이 소개해 줘서 믿을 만한 사람이겠거니 했습니다. 저는 실향민의 자식으로 평생 투철한 반공 의식을 가지고 살아왔습니다. 대전에 있을 때……."

아버지의 말이 길어지려고 하자 차영관 형사가 손을 들어서 제지했다. 입을 닫은 아버지를 쳐다보던 차영관 형사가 이번에는 수첩을 꺼내서 한 장씩 펼쳤다.

"일단 김미란을 체포하는 데 도와주셔야겠습니다. 오늘 김미란 어디 갔는지 모르시죠?"

"네, 일요일이라 공장은 쉬는 날일 겁니다."

"이번 달 들어서 운동권*의 데모가 격렬해지고 있어요. 아마 그것 때문에 나갔을 겁니다. 일단 돌아올 때까지 여기서 잠복하고 있겠습니다."

"예, 물론이지요."

한숨 돌린 아버지의 대답을 옆에서 듣던 상욱이는 일요일이라는 얘기에 퍼뜩 정신을 차렸다. 벽시계를 보니 벌써 열두 시를 넘기고 있었다. 경기는 두 시간 후였지만 미리 가서 몸도 풀고 훈련도 더 하기로 했던 상욱이는 어찌할 바를 몰랐다.

위기를 넘겼다고 생각한 어머니는 음료수라도 대접하겠다며 부엌으로 갔다. 차영관 형사가 상욱이를 바라보며 말했다.

"몇 학년이야?"

"5학년이요. 개명국민학교에 다닙니다."

"우리 집 막둥이랑 나이가 같구나. 너는 크면 데모 같은 거 하지 말고 착실하게 살아라."

"네, 그런데……."

상욱이가 쥐어짜듯 말하자 차영관 형사가 물었다.

"왜?"

❋ 운동권(運動圈) : 노동 운동, 인권 운동, 학생 운동 등과 같은 사회 변혁 운동에 적극적으로 참여하는 사람의 무리

"이따가 동네 친구들이랑 야구를 하기로 했어요. 아주 중요한 경기라……."

불호령이 떨어질 줄 알았는데 의외로 껄껄 웃음소리가 들렸다.

"짜식, 야구 좋아하는구나. 어느 팀 응원하니?"

"지금은 딱히 응원하는 팀은 없어요."

"그래. 운동도 공부도 열심히 해야 훌륭한 사람이 된단다. 나가도 좋다. 대신 우리가 여기 있는 건 비밀이야. 알았지?"

"네, 고맙습니다."

상욱이는 얼른 일어나서 현관 옆에 세워 둔 검은색 야구 배트를 들고 현관 밖으로 나갔다. 그리고 뒤도 돌아보지 않고 놀이터 옆 야구장으로 뛰어갔다.

승준이가 먼저 와 있어서 상욱이는 애써 태연한 척을 했지만 긴장감에 숨도 제대로 쉬지 못했다. 그런 상욱이에게 바닥에 테니스공을 튕기던 승준이가 말했다.

"나랑 공 주고받을래? 긴장 좀 풀어지게."

"좋아."

간신히 일어난 상욱이는 승준이와 공을 주고받는 훈련을 했다. 그러자 신기하게도 마음이 좀 진정되는 것 같았다. 그사이에 문철이를 시작으로 개봉동 공포의 외인구단 멤버들이 모이기 시작했다.

그리고 뽀빠이바지*를 입고 머리를 양 갈래로 땋은 지형이까지 왔다. 멤버들이 큰 소리로 환호성을 질렀다.

지형이가 개봉동 공포의 외인구단 멤버들에게 말했다.

"오늘이 드디어 결전의 날이야. 모두 힘내!"

그러고는 승준이를 보며 살며시 미소 지었다. 승준이의 얼굴이 발그레해졌다.

지형이의 응원 속에서 다들 공을 주고받거나 배트를 휘두르며 몸을 풀었다. 잠시 후, 혁진이 형이 친구들과 나타났다. 혁진이 형은 지형이를 보더니 피식 코웃음 쳤다. 그러더니 문철이가 휘두르는 검은색 야구 배트를 봤다.

"이야, 저걸 우리한테 준다고?"

"주는 게 아니라 이기는 팀이 갖는 거예요."

"지난번에는 우리가 봐준 거고 이번에는 각오해."

자신만만하게 얘기하는 혁진이 형에게 상욱이가 빠르게 규칙을 말했다.

"6회까지 할 거고, 공을 터무니없이 높이 던지거나 바닥에 패대기치면 숫자에 포함 안 되는 거예요."

"그래."

❋ 뽀빠이바지 : 아래위가 한데 붙어 작업복처럼 생긴 멜빵바지

"도루 금지에 데드 볼*도 없어요."

몇 가지 규칙을 더 얘기한 승준이가 가위바위보로 공수를 결정하자고 했다. 이번에는 혁진이 형이 똑같은 속도로 냈다가 졌다. 승준이는 수비를 먼저 하겠다고 했다. 상욱이는 지난번처럼 포수 문철이 뒤로 갔다.

상대 팀의 첫 번째 타자는 혁진이 형이었는데 오두방정을 떨면서 자신 있게 들어왔다. 하지만 승준이가 던진 공을 좀처럼 건드리지 못했다. 결국 공이 네 번 날아오는 동안 한 번도 치지 못하고 그대로 아웃되었다. 승준이는 지난번과는 달리 주먹을 불끈 쥐고 기쁨을 드러냈다.

그다음 두 타자도 승준이의 공을 제대로 치지 못하면서 1회 초 공격이 끝났다. 다음 타자가 공격할 차례가 되었을 때 승준이가 상욱이에게 먼저 배트를 건넸다.

"네가 1번이야."

"어, 내가?"

"응."

그러고는 지난번 경기 때 보여 준 개구리 번트 시늉을 크게 하며 상욱이게게 속삭였다.

❋ 데드 볼(Dead Ball) : 투수가 던진 공이 타자의 몸에 닿는 것

"번트하는 자세로 했다가 공을 쳐. 어떻게 하는지 알지?"

"그럼."

승준이의 의도를 눈치챈 상욱이는 고개를 끄덕거렸다. 배트를 들고 타석에 들어서자 상대 팀의 외야수들이 앞으로 조금씩 나왔다. 상욱이는 번트하는 자세를 취했다가 투수인 혁진이 형이 공을 던지자 냅다 후려쳤다. 배트에 맞은 테니스공은 경사진 바닥에 튕겼다가 3루 쪽으로 날아갔다.

친구들이 함성을 지르는 와중에 상욱이는 힘껏 달렸다. 숨이 턱까지 차올랐지만 매일 학교에서 놀이터까지 달리는 연습을 한 탓에 손쉽게 2루까지 갈 수 있었다. 상욱이가 두 팔을 높이 치켜들며 외쳤다.

"아자!"

"에이 씨!"

혁진이 형이 짜증 난 표정으로 공을 만지작거렸다. 다음 타자인 문철이는 스윙을 크게 하다가 아웃되었다. 하지만 다음 타자인 지관이는 진짜로 번트를 댔다. 하늘 높이 올라간 공은 투수 뒤로 날아갔고, 뒷걸음치던 혁진이 형과 2루수가 머뭇거리는 와중에 바닥에 떨어졌다. 상욱이는 냅다 달려서 3루를 찍고 홈까지 들어왔다. 홈은 내리막이라 정말 번개 같은 속도로 내려갈 수 있었다. 그렇게 상욱이는 첫 번째 안타에 첫 번째 득점까지 올리면서 친구들의 축하를 받았다. 하지만 다음 타자 유섭이와 창섭이가 연거푸 아웃되면서 먼저 점수를 얻은 데 만족해야만 했다.

공수가 바뀌고 마운드에 오른 승준이는 이번에도 힘차게 공을 던졌다. 5번 타자가 강습 타구*를 쳐서 안타를 만들었지만 홈까지 들어오지는 못했다. 마지막 타자이자 1번 타자인 혁진이 형이 또 공을 치지 못한 탓이다. 가볍게 1회를 마무리한 승준이가 친구들을 불러 모았다.

"혁진이 형은 한 회만 넘기면 공을 엉망으로 던져. 그러니까 최대한 길게 보면서 피곤하게 만들어. 알았지?"

다들 알겠다고 하자 승준이는 배트를 들고 타석으로 향했다. 혁진이 형은 자기가 던지겠다는 친구를 떠밀고는 마운드에 섰다. 여유만만한 표정을 지으며 타석에 들어서 승준이를 본 혁진이 형이 재빨리 얼굴 쪽으로 공을 던졌다. 승준이가 놀라서 주저앉았다. 뒤로 날아간 공은 포수 뒤에 있던 다른 형이 겨우 잡았다. 승준이는 침착하게 배트를 돌리면서 혁진이 형을 노려봤다. 이번에도 몸을 향해 던진 혁진이 형은 미안하다는 표정조차 짓지 않았다. 발끈한 상욱이가 나서려고 하자 승준이는 괜찮다는 손짓을 취하면서 여유

✽ **강습 타구** : 배트의 중심에 정확히 맞아 빠르고 강하게 나가는 공

롭게 타석에 들어서며 외쳤다.

"공을 두 번 던졌지만 포수가 잡지 못했거나 데드 볼이었기 때문에 포함되지 않은 거예요, 형."

혁진이 형이 다소 불만스러운 표정을 지었지만 다른 아이들이 승준이 말이 맞다고 하자 짜증을 삼키며 공을 움켜쥐었다. 이번에는 제대로 던져서 포수의 초코파이 글러브에 팍 소리를 내며 들어갔다. 신이 난 혁진이 형이 주먹을 쥐고 환호성을 질렀다. 하지만 승준이는 침착하게 타석에 섰다. 그리고 같은 코스로 들어오는 다음 공을 세게 쳤다. 테니스공은 포물선을 그리며 날아가서 외야인 옹벽을 가볍게 넘어갔다. 솔로 홈런*이었다.

"홈런이다!"

"승준아, 홈런이야."

신이 난 아이들이 3루를 돌고 홈으로 들어오는 승준이에게 몰려가서 축하해 줬다. 다음 타자로 들어선 상욱이는 세 번째 공까지 보고 네 번째 공에 힘껏 배트를 휘둘렀다. 하지만 빗맞은 공은 힘없이 1루로 굴러가면서 아웃되고 말았다. 초반에 득점한 데다 앞서가는 것에 흥분했는지 다음 타자들도 공을 제대로 맞추지 못하고 아웃되고 말았다. 2회 말이 그렇게 끝나자 승준이는 멤버들을 불러

❉ 솔로 홈런(Solo Home Run) : 주자가 없는 상황에서 타자가 친 홈런

모았다.

"2점 금방 뒤집혀. 그러니까 다들 정신 차리고 수비하자."

알겠다고 대답한 아이들이 각자 수비 위치로 갔다. 승준이는 3회에도 잘 던졌지만 안타를 연속으로 맞으면서 1점을 내주고 말았다. 다행히 문철이가 마지막 타자가 친 공을 잡으면서 3회를 끝낼 수 있었다.

3회 말이 되자 혁진이 형이 투수에서 내려오고 다른 형이 공을 잡았다. 키가 큰 형이었는데 공이 빨라서 쉽사리 칠 수가 없었다. 결국 삼자 범퇴*를 당하면서 불안함이 이어졌다. 4회 초가 되자 승준이가 지쳤는지 연속으로 안타를 얻어맞았다. 삽시간에 분위기가 무거워졌다.

상욱이는 조마조마했지만 2루수 겸 외야수인 지관이가 높이 뜬 공을 잡으면서 위기를 넘겼다. 다음 타자가 번트를 대면서 1루에서 아웃시켰지만 3루에 있던 형이 들어오면서 동점이 되어 버리고 말았다. 다행히 타석에 선 혁진이 형이 또 공을 쳐 보지도 못하고 아웃되면서 4회를 끝낼 수 있었다.

공수 교대를 위해 모인 멤버들에게 승준이가 오른쪽 어깨를 만지면서 얼굴을 찌푸렸다.

❋ 삼자 범퇴(三者凡退) : 한 회에 세 명의 타자가 베이스에 나가지 못하고 연달아 아웃당하는 일

"연습을 하면서 공을 너무 많이 던졌나 봐. 어깨가 빠질 것처럼 아파."

연습이나 경기 때는 항상 승준이가 투수를 끝까지 했기 때문에 다른 멤버들은 공 던지는 연습을 한 적이 거의 없었다. 다들 걱정하자 승준이가 팔을 빙빙 돌리며 웃었다.

"2회 정도는 막을 수 있으니까 걱정 마."

상욱이는 어떻게든 점수를 내서 승준이의 어깨를 가볍게 해 주고 싶었다. 하지만 바뀐 투수의 아리랑 볼*을 공략하지 못하면서 맥없이 삼자 범퇴를 당하고 말았다.

그 후 팔을 빙빙 돌리면서 마운드에 선 승준이는 이를 악물고 공을 던졌다. 선두 타자에게 하마터면 홈런을 맞을 뻔했지만 옹벽 끝에 맞은 공이 아래로 떨어지면서 위기를 넘겼다. 그리고 다음 세 타자를 연속으로 잡으면서 회차를 넘길 수 있었다.

"개봉동 공포의 외인구단 힘내라!"

놀이터 입구에서 구경하던 지형이가 응원하는 목소리가 들렸다. 5회 말 공격에 나선 개봉동 공포의 외인구단 멤버들은 하나의 안타와 하나의 번트로 주자가 나갔지만 상욱이가 공을 하늘 높이 쳐 올리면서 점수를 내지 못했다. 아쉬워하는 상욱이의 어깨를 승준이

❖ **아리랑 볼** : 포물선을 그리며 느리고 약하게 날아가는 공

가 토닥거려 주었다.

마지막인 6회 초에는 아리랑 볼을 던지던 형이 선두 타자로 나와 승준이의 두 번째 공을 세게 쳐 옹벽을 넘겼다. 순식간에 3 대 2로 역전당하고 말았다.

혁진이 형이 아쉬워하는 승준이를 놀리면서 기뻐했다. 그리고 상욱이에게도 말했다.

"이제 그 배트는 내 거야."

"끝날 때까지 끝난 게 아니에요."

"너희가 점수를 낼 수 있을 거 같아?"

얄밉게 비아냥거리는 혁진이 형을 보면서 상욱이는 아랫입술을 꼭 깨물었다. 다행스럽게도 다음 타자들은 줄줄이 아웃되면서 6회 초를 마무리할 수 있었다. 마지막 공격인 6회 말이 시작되자 승준이가 멤버들에게 말했다.

"공이 위에서 아래로 떨어지니까 반대로 아래에서 위로 올려치는 방법밖에 없어. 문철아, 속으로 하나 둘 셋 하고 휘둘러 봐. 타이밍만 맞으면 때릴 수 있어."

문철이는 승준이의 말대로 세 번째 공을 때려서 1루까지 향했다. 1루에서 세이프 된 문철이는 손가락 세 개를 차례대로 펴면서 고개를 끄덕거렸다. 다음 타자인 지관이와 유섭이도 제대로 공을 맞춰서 한 루씩 진루했다. 창섭이가 자기가 끝내겠다고 하면서 타석에 들어섰지만 갑자기 상대 투수가 정상적으로 공을 던지자 당황했는지 제대로 공을 맞추지 못했다. 승준이도 팔이 너무 아팠는지 공을 맞추지 못하고 삼진을 당했다. 결국 2사 만루인 부담스러운 상황에서 상욱이가 들어서게 되었다.

한쪽 팔을 만지작거리던 승준이가 다가와서 속삭였다.

"저 형이 아리랑 볼을 던질 때는 공을 어깨 위에서 던지는데 정상적으로 던질 때는 옆구리에 붙여. 그러니까 잘 보고 맞춰 봐."

상욱이가 타석에 들어서자 승준이 말대로 상대 투수가 공을 던지는 자세가 달랐다. 첫 번째 공은 아리랑 볼로 던졌고, 두 번째는 정상적으로 공을 던졌다. 투수의 자세를 확인한 상욱이는 일부러 당황한 척하면서 배트를 휘둘렀다. 그리고 세 번째 공이 정상적으로 들어오는 걸 확인하고는 냅다 배트를 휘둘렀다. 하지만 살짝 빗맞으면서 뒤로 날아갔다. 바닥에 튕긴 공은 한참 아래로 내려갔고, 포수 뒤에 있던 형이 헉헉거리며 쫓아가서 겨우 잡았다. 한 번에 던질 수 있는 거리가 아니라서 상욱이는 배트를 들고 중간쯤까지 내려가서 공을 받아 주었다.

상욱이가 위쪽으로 던지고 돌아서려는 순간, 언덕길을 올라오는 옥란이 누나와 마주쳤다. 아는 척을 하려는 옥란이 누나에게 상욱

이는 다급하게 손을 휘저었다. 그리고 소리 내지 않고 입 모양으로 경찰이라고 말했다. 같은 말을 반복하자 얼굴이 굳어진 옥란이 누나는 왔던 길로 다시 내려갔다.

한숨 돌린 상욱이는 어서 올라오라는 혁진이 형의 재촉에도 천천히 올라갔다. 무서운 아저씨들에게 옥란이 누나가 잡혀가지 않게 되었다는 사실에 기분이 좋아진 상욱이는 편안한 표정으로 타석에 섰다. 그리고 상대 투수가 아리랑 볼을 던지려는 자세를 취하는 걸 보고 속으로 하나 둘 셋을 외친 뒤 배트를 아래에서 위로 올려쳤다. 포물선을 그리며 날아오던 테니스공은 상욱이의 배트에 맞고 투수 앞에서 크게 튀어 올랐다. 투수와 야수들이 허공에 높이 떠오른 공을 잡기 위해 모였다가 서로 엉키고 걸리면서 넘어졌다. 공은 바로 그들 옆에 툭 떨어졌고, 아래로 굴러갔다. 그 와중에 3루와 2루 주자가 연달아 홈을 밟으면서 경기는 그것으로 끝이 났다.

"와, 우리가 이겼다."

상욱이가 두 팔을 번쩍 치켜들며 외쳤다.

개봉동 공포의 외인구단 멤버들은 상욱이를 중심으로 모여서 어깨동무를 하고 기뻐했다. 지형이도 함께 기뻐했다. 혁진이 형이 마운드에 가서 투수에게 화를 냈다.

"이게 뭐야!"

"뭐? 너 때문이잖아."

"그래, 이 자식아. 너랑 다시는 야구 안 해."

투수를 비롯한 다른 친구들이 싸늘하게 돌아섰다. 그걸 본 승준이가 당당하게 말했다.

"이제 지형이 그만 괴롭히는 겁니다. 남자답게 약속 지키세요."

"알았어."

작은 목소리로 혁진이 형이 중얼거렸다. 혁진이 형까지 떠나자 개봉동 공포의 외인구단 멤버들은 다시 모여서 기쁨을 나눴다.

좀처럼 가라앉지 않는 승리감을 가슴에 품은 채 집으로 돌아온 상욱이는 거실에 앉아 있던 차영관 형사와 마주쳤다. 다른 형사는 화장실에 갔는지 보이지 않았다. 신문을 보던 차영관 형사가 상욱이에게 물었다.

"끝났니?"

"네, 우리 팀이 끝내기 안타로 이겼어요."

"그래, 승부는 일단 이기고 봐야지. 그나저나……."

신문을 접어서 옆에 놓은 차영관 형사가 일어나며 기지개를 쭉 켰다.

"김미란은 왜 아직 안 오는 거야."

상욱이는 옥란이 누나가 무사히 도망쳤기를 바라면서 물었다.

"아직 안 왔어요?"

"그래, 아무래도 낌새를 채고 튄 모양이야. 바빠 죽겠는데 헛물을 켰네."

기지개를 켜고 하품까지 한 차영관 형사는 화장실에서 나온 이필섭 형사에게 이제 돌아가자고 얘기했다. 부엌에 있던 어머니가 황급히 나와서는 저녁을 준비하고 있다고 하자 차영관 형사는 괜찮다며 나중에 옥란이 누나가 돌아오면 연락 달라는 말을 하고는 현관 밖으로 나갔다. 대문까지 배웅을 하고 돌아온 어머니가 현관문을 닫고는 한숨을 쉬었다.

"진짜, 이게 무슨 일이람. 여보!"

어머니가 목청을 높이며 안방으로 걸어갔다. 그때 이 층에서 민정이가 내려다보며 말했다.

"오빠, 무서운 아저씨들 갔어?"

"응, 걱정 말고 내려와."

민정이가 계단에서 내려오며 투덜거렸다.

"진짜 무서워 죽는 줄 알았어."

상욱이는 여러 가지 의미가 담긴 대답을 하며 웃었다.

"나도."

다음 날인 월요일에 학교에 갔다가 집으로 돌아오던 상욱이는 어른들이 기뻐하면서 웃는 소리를 들었다. 그리고 거리를 굴러다니는 호외*를 집었다. 제목이 아주 큼지막하게 적혀 있었다.

대통령 직선제 선언, 88년 2월에 평화적 정권 교체

뭔지 모르겠지만 어른들이 좋아할 만한 이유가 있을 거라고 생각한 상욱이는 신문을 접어서 손에 들고 집으로 돌아왔다. 그리고 청소 중인 어머니에게 호외를 내밀면서 물었다.

"이게 무슨 뜻이에요?"

호외를 슬쩍 본 어머니 역시 기쁜 표정을 감추지 못했다.

"이제 대통령을 직접 뽑을 수 있게 됐네."

"그게 좋은 일이에요?"

상욱이의 물음에 어머니의 표정이 몹시 복잡해졌다.

"좋은 일이지. 지금까지는 직접 대통령을 뽑지 못했으니까. 이따가 아버지 오면 자세히 물어볼래?"

"네."

어머니가 저녁을 준비하는 동안 아버지가 돌아왔다. 상욱이가

❖ 호외(號外) : 특별한 일이 있을 때에 임시로 발행하는 신문이나 잡지

기다렸다는 듯 묻자 아버지는 최대한 쉽게 상황을 설명해 주었다. 왜 사람들이 죽고 시위가 계속되었는지 얘기하면서 박종철과 이한열의 이름을 얘기해 주었다. 상욱이는 알아듣는 부분도 있었고, 그렇지 않은 부분도 있었지만 어쨌든 세상이 나아지고 있다는 걸 어렴풋이 알 수 있었다.

아버지는 이제 좀 나라가 조용해져서 사업을 할 만하겠다고 말하고는 텔레비전을 틀었는데 신기하게도 대통령의 동향 대신 직선제 개헌안에 대한 얘기들로 가득했다. 뉴스 중간에 카메라가 명동 성당에서 시위하는 학생들을 비추자 아주 잠깐이지만 머리띠를 두른 옥란이 누나의 모습도 스쳐 지나갔다. 그 모습을 본 상욱이가 중얼거렸다.

"안녕, 누나."

상욱이는 옥란이 누나가 했던 말을 가만히 떠올려 보았다.

'세상에는 승자도 있고, 패자도 있어. 패했다고 좌절하고 슬퍼할 이유는 없어. 내일 다시 도전해서 이기면 되니까.'

6월 민주 항쟁은 왜 일어났을까?

6월 민주 항쟁은 1987년 6월, 군부 독재 정권에 맞서 민주화를 요구하며 전국적으로 일어난 대규모 시민 항쟁이에요.

1987년 1월, 경찰에 끌려갔던 서울대학교 학생 박종철이 세상을 떠났어요. 정부는 박종철이 고문으로 죽은 것이 아니라고 발표했지만 부검 결과 고문의 흔적이 드러났지요. 국민의 분노가 들끓자 정부는 경찰을 처벌하며 사건을 대충 마무리했어요.

독재 정권에 반대하던 국민들은 다음 대통령을 직접 뽑고 싶어 했는데(대통령 직선제), 당시 헌법으로는 국민이 대통령을 직접 뽑을 수 없었어요. 그래서 헌법을 바꾸자는 논의가 있었지요. 그런데 4월 13일, 대통령이 헌법을 유지하겠다는 '4·13 호헌 조치'를 발표했어요. 시민들의 분노는 더욱 거세졌어요. 그러던 5월, 5·18 민주화 운동 7주기 추모 미사에서 정부가 박종철 사건의 진실을 축소하고 조작했다는 사실이 알려졌어요. 곧 대학가를 중심으로 정부의 잘못을 나무라는 시위가 벌어졌지요.

그런데 시위가 한창이던 6월 9일, 연세대학교 학생 이한열이 최루탄에 맞아 쓰러지는 사건이 일어났어요. 이 일이 알려진 6월 10일부터는 대학생뿐만 아니라 직장인을 포함한 전 국민이 본격적으로 시위에 나섰어요.

결국 6월 29일, 대통령 직선제를 포함한 개헌이 발표되었어요. 6·29 선언이라고 불리는 이 사건 이후 정해진 대통령 선거 방식과 임기가 오늘날까지 이어지고 있지요. 7월 5일, 이한열은 사고 후유증으로 세상을 떠났지만 사람들은 장례 기간까지 시위를 이어 나갔고 우리나라는 민주적인 제도를 만들 수 있었어요.

서울 시청 앞 1987년 '6월 민주 항쟁' 전경 : 대통령 직선제와 민주화를 요구하는 시위는 전국에서 일어났어요.